"一带一路"绿色发展国际联盟　　一带一路环境技术交流与转移中心（深圳）

"一带一路"环境政策法规蓝皮书

（四）

"一带一路"绿色发展国际联盟
一带一路环境技术交流与转移中心（深圳）　编著

中国环境出版集团·北京

图书在版编目（CIP）数据

“一带一路”环境政策法规蓝皮书. 四 / “一带一路”绿色发展国际联盟，一带一路环境技术交流与转移中心（深圳）编著. -- 北京 : 中国环境出版集团，2024. 10. -- ISBN 978-7-5111-6068-3

Ⅰ. D912.604

中国国家版本馆 CIP 数据核字第 20241VV699 号

责任编辑 黄　颖
封面设计 宋　瑞

出版发行 中国环境出版集团
（100062　北京市东城区广渠门内大街 16 号）
网　　址：http://www.cesp.com.cn
电子邮箱：bjgl@cesp.com.cn
联系电话：010-67112765（编辑管理部）
010-67162011（第四分社）
发行热线：010-67125803，010-67113405（传真）

印　　刷 北京建宏印刷有限公司
经　　销 各地新华书店
版　　次 2024 年 10 月第 1 版
印　　次 2024 年 10 月第 1 次印刷
开　　本 787×1092　1/16
印　　张 10
字　　数 155 千字
定　　价 58.00 元

研究团队*

郝明途	一带一路环境技术交流与转移中心（深圳）主任
马　凌	一带一路环境技术交流与转移中心（深圳）副主任
王树堂	一带一路环境技术交流与转移中心（深圳）副主任
谢俊轩	一带一路环境技术交流与转移中心（深圳）副主任
张海宏	一带一路环境技术交流与转移中心（深圳）主任助理
兰远明	一带一路环境技术交流与转移中心（深圳）总经济师
颜昌晶	一带一路环境技术交流与转移中心（深圳）
刘　霖	一带一路环境技术交流与转移中心（深圳）
黄国洋	一带一路环境技术交流与转移中心（深圳）
柳金阳	一带一路环境技术交流与转移中心（深圳）
彭　颖	“一带一路”绿色发展国际联盟主任专家
蔡晓薇	“一带一路”绿色发展国际联盟高级项目主管
于心怡	“一带一路”绿色发展国际联盟高级项目主管
刘雨盈	“一带一路”绿色发展国际联盟项目助理
蓝庆新	对外经济贸易大学国际经济贸易学院副院长
李　丹	中国循环经济协会可再生能源专业委员会执行秘书长
马丽芳	中国循环经济协会可再生能源专业委员会政策研究部主任
于　洋	中国循环经济协会可再生能源专业委员会政策研究部研究员
李思颖	对外经济贸易大学国际经济贸易学院博士生

* 本报告研究团队成员以个人身份参加研究工作，报告中表达的观点不代表其所在单位及“一带一路”绿色发展国际联盟观点。

序言

共建“一带一路”倡议自2013年提出以来，秉持共商共建共享原则，坚持开放、绿色、廉洁理念，以高标准、可持续、惠民生为目标，统筹深化基础设施“硬联通”、规则标准“软联通”和同共建“一带一路”国家人民“心联通”，已成为开放包容、互利互惠、合作共赢、深受欢迎的国际公共产品和国际合作平台，为全球发展注入正能量。

作为“一带一路”高质量发展的重要组成部分，绿色“一带一路”建设致力于统筹好经济社会发展和生态环境保护，加速全球尤其发展中国家低碳转型进程；提供系统解决方案，对接联合国2030年可持续发展议程，通过推动绿色基建、低碳能源及创新产业等务实合作，贡献可推广的有效模式；引领新兴国际合作，深化绿色金融、气候投融资及清洁技术协同，开辟应对气候变化南南合作新路径，提升全球环境治理效能，助力实现人与自然和谐共生的美好愿景。

为共同促进共建“一带一路”高质量发展，自2021年起，“一带一路”绿色发展国际联盟与一带一路环境技术交流与转移中心（深圳）共同编写“‘一带一路’环境政策法规蓝皮书”系列研究报告。该系列研究报告旨在梳理和分析共建“一带一路”国家经济社会、环境政策法律法规标准以及绿色发展现状和趋势，识别其绿色“一带一路”合作的挑战和诉求，为相关政府部门、企业和金融机构等利益相关方提供决策参考和借鉴。该系列研究启动以来，已累计发布三期研究报告。一期研究主要梳理了欧盟、印度、南非等 5 个地区和国家的环境政策法规。二期研究聚焦东南亚和中东欧国家，提出环境风险应对措施和建议。三期研究分析了巴西、尼日利亚、阿联酋、埃塞俄比亚、肯尼亚等 5 个国家的环境政策，并提出绿色合作建议。

《“一带一路”环境政策法规蓝皮书（四）》在前三期研究基础上，聚焦沙特阿拉伯王国（简称沙特）、伊朗伊斯兰共和国（简称伊朗）、卡塔尔国（简称卡塔尔）、阿拉伯埃及共和国（简称埃及）4 国，梳理分析其主要环境政策法规与标准、绿色技术与贸易投资环境、参与多边环境公约情况，以及可再生能源行业法规标准。同时，结合当地可再生能源合作典型案例，识别可再生能源项目建设面临的环境风险并提出相应应对措施，从而为中国推动高标准、可持续、惠民生的对外投资项目落地奠定基础。在此基础上，针对政府、企业和“一带一路”合作平台，提出可再生能源行业与整体绿色发展领域的合作建议，为中国可再生能源相关产业“走出去”提供理论支持。

目录
Contents

Chapter 1 第一章

总论

本章由郝明途、马凌、王树堂、谢俊轩、张海宏、兰远明、颜昌晶、刘霖、黄国洋、柳金阳撰写。

一、研究概述

2021 年 11 月 19 日，国家主席习近平在第三次“一带一路”建设座谈会上强调，把基础设施“硬联通”作为重要方向，把规则标准“软联通”作为重要支撑，把同共建国家人民“心联通”作为重要基础，提出提升规则标准等“软联通”水平。积极推进与共建“一带一路”国家环境领域规则标准对接及与国际规则标准的融合，协同推动加强共建“一带一路”国家政策、规则、标准“三位一体”的“软联通”建设，将助力提升“软”“硬”联通水平，推动共建“一带一路”高质量发展。

在全球可持续发展领域，当前气候危机与化石能源需求反弹叠加，需要推动全球能源向更加绿色、更加低碳的方向转型，可再生能源正在成为应对气候变化和实现能源可持续利用的重要驱动力。2021 年 9 月，中国提出将大力支持发展中国家能源绿色低碳发展，从“硬联通”和“软联通”两个层面推动能源国际合作不断走深走实将成为中国助力全球能源绿色低碳转型的有效举措。2023 年 10 月在北京召开的第三届“一带一路”国际合作高峰论坛上，国家主席习近平指出，中方将持续深化绿色基建、绿色能源、绿色交通等领域合作，加大对“一带一路”绿色发展国际联盟的支持，继续举办“一带一路”绿色创新大会，建设光伏产业对话交流机制和绿色低碳专家网络。在此背景下，梳理“一带一路”重点国家的可再生能源行业法规和标准，将有助于识别在东道国开展可再生能源项目开发的风险，为开展对外投资合作提供规范性指导，为共建“一带一路”国家能源绿色低碳可持续发展提供支持。

近年来，“一带一路”重点地区的能源需求稳步增长，其巨大的可再生能源开发潜力得到广泛关注。为此，选取具有代表性的共建“一带一路”国家，开展可再生能源行业法规标准与案例研究，精准识别对外投资合作建设项目面临的生态环境及相关社会风险，扎实开展好高标准、可持续、惠民生的可再生能源项目合作，对加速推进共建“一带一路”国家能源绿色低碳转型与全球可持续发展具有重要意义。

本书旨在聚焦沙特阿拉伯王国（简称沙特）、伊朗伊斯兰共和国（简称伊朗）、卡塔尔国（简称卡塔尔）、阿拉伯埃及共和国（简称埃及）4 国，梳理分析其主要环境政策法规与标准、绿色技术与贸易投资环境、参与多边环境公约情况，以及可再生能源行业法规标准，结合当地可再生能源合作典型案例，识别可再生能源项目建设面临的环境风险并提出相应措施，进而为中国推动高标准、可持续、惠民生的对外投资项目落地奠定基础。在此基础上，针对政府、企业和“一带一路”合作平台，提出可再生能源行业与整体绿色发展领域的合作建议，为中国可再生能源相关产业“走出去”提供理论支持。

二、研究方法综述

1. 研究框架

研究框架如图 1-1 所示。

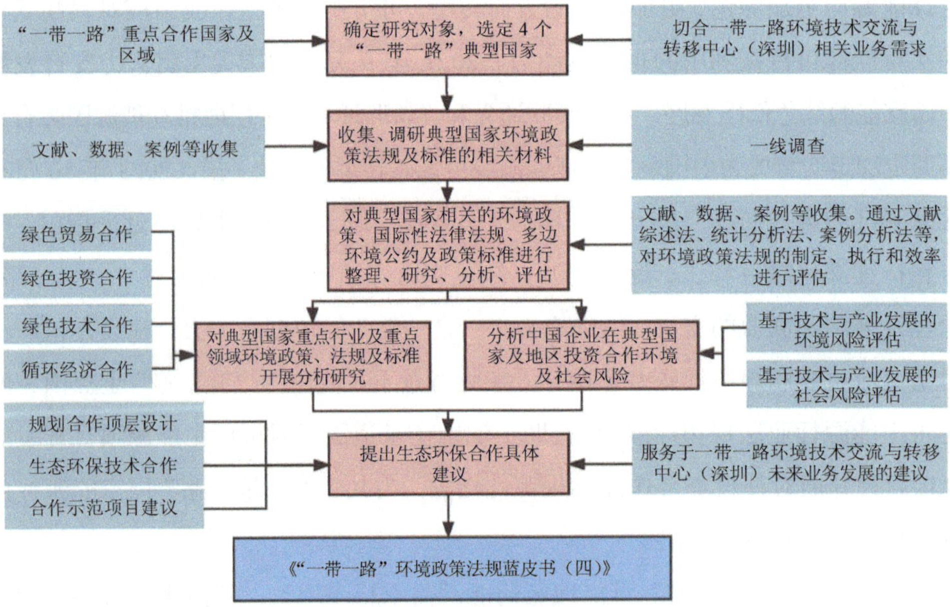

图 1-1　研究框架

2. 研究方法

本书通过文献研究法、统计分析法、案例研究法等，对政策法规的制定、执行及效率进行系统评估。着重研究重点行业和重点领域的政策法规及标准，并通过风险调查、风险识别、风险防范和解决措施等开展投资合作环境及社会风险评估。

三、研究国别选择

中东地区是一个地理位置重要且复杂多样的地区，包括西亚的大部分和北非的埃及，共 17 个国家。该地区拥有丰富的石油和天然气资源，对全球经济和能源供应具有重要影响。以下是关于中东地区社会经济、贸易往来、环境状况和总体法规的具体介绍。

1. 社会经济

中东地区的社会经济状况因国家和地区的不同而不同。一些国家（如沙特、卡塔尔）资源富有，经济发展迅速，人均收入较高。这些国家以石油和天然气出口为主导，其收入构成了国家财政收入的重要部分。由于石油资源丰富，这些国家在基础设施建设、旅游业和金融服务等领域取得了显著成就。同时，这些国家也在努力实施经济多元化战略，以减少对石油的依赖，发展其他产业，提高经济的韧性和可持续性。

然而，其他国家（如叙利亚、伊拉克和也门）面临冲突、贫困和不稳定的局势，经济发展受到限制。冲突和政治不稳定导致了经济的衰退和社会的动荡。同时，一些国家还面临人口增长、失业率上升和社会不平等等社会经济挑战。

2. 贸易往来

中东地区是全球贸易的重要枢纽之一，拥有丰富的石油和天然气资源，石油和天然气出口是该地区经济的重要支柱。中东地区的石油和天然气出口对全球能源市场和经济稳定具有重要影响，中东地区部分国家 GDP 走势如图 1-2 所示。

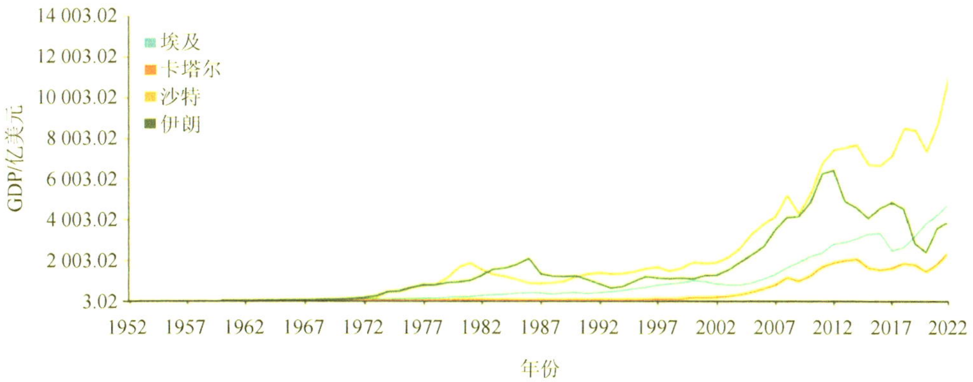

图 1-2　中东地区部分国家 GDP 走势

此外，中东地区还涉及其他行业，如农业、制造业和服务业。中东地区的一些国家（如阿联酋和卡塔尔）通过发展旅游业和金融服务业来发展多元化经济。阿联酋的迪拜和阿布扎比成为国际商业和金融中心，吸引了大量的外商投资和国际企业。

中东地区还积极参与国际贸易合作。例如，海湾阿拉伯国家合作委员会（GCC）是一个由阿拉伯国家组成的经济和政治联盟，旨在促进成员国之间的贸易和经济一体化。此外，中东地区还与欧盟、美国、中国等地区和国家签订了贸易协定和合作协议，促进了跨国贸易和投资。

2020 年，中国是中东地区的第一大贸易伙伴，中国与中东地区 16 国（未计入埃及）的贸易额为 2 726.4 亿美元，同比下降了 7.9%。其中，中国对中东地区 16 国的出口额为 1 443.4 亿美元，同比增长了 5.8%；中国自中东地区 16 国的进口额为 1 283.0 亿美元，同比下降了 19.7%。沙特、阿联酋、伊拉克、土耳其和科威特是中国在中东地区的前五大贸易伙伴。2002—2020 年中国与中东 16 个国家、其余亚洲国家和地区的贸易额增速如图 1-3 所示。

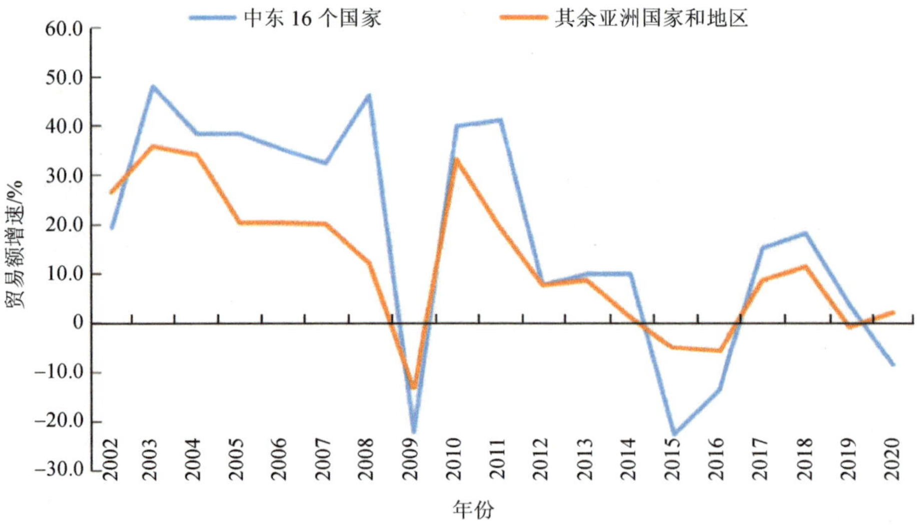

图 1-3　2002—2020 年中国与中东 16 个国家、其余亚洲国家和地区的贸易额增速

资料来源：商务部、北大汇丰智库。

注：此处 16 个国家指的是中东位于西亚的 16 个国家，埃及地处非洲，未计入。

2001—2020 年，中国与中东 16 个国家（未计入埃及）的进出口贸易额由 172.81 亿美元增长到 2 726.4 亿美元，增幅约为 15 倍。2001 年，中东 16 个国家在中国进出口额中占比 3.4%，2020 年这个数值上升至 5.9%，如图 1-4 所示。

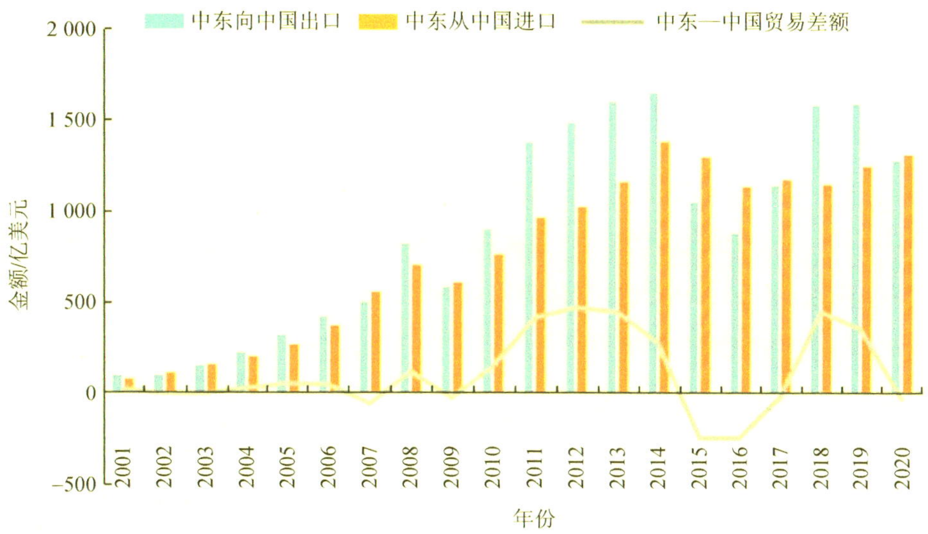

图 1-4 2001—2020 年中东 16 个国家与中国的出口、进口和贸易差额

资料来源：海关总署、北大汇丰智库。

2001—2020 年，中国和中东地区的贸易规模经历了 3 轮快速增长：2001—2008 年、2010—2014 年、2018—2019 年，仅在 2009 年、2015 年、2016 年和 2020 年出现过下降。

3. 环境状况

中东地区面临一些环境挑战。水资源短缺是其面临的一个重要问题，尤其在沙漠地区。气候变化导致的干旱和沙尘暴加剧了水资源紧缺问题。中东地区的许多国家采取了一系列措施来解决水资源问题，包括海水淡化、水资源管理和节水措施等。

此外，石油和天然气的开采和使用也对环境产生了负面影响。石油开采和炼油过程产生大量的废水和废气，可能会导致水和空气污染。温室气体的排放会对气候产生影响。为了减少对环境的影响，一些国家开始采取可持续发展的措施，推动清洁能源的发展，如太阳能和风能等。

4. 总体法律法规概况

中东地区是遭受气候变化危害最严重的地区之一，主要面临的气候变化问题是荒漠化、干旱和水资源短缺。由于中东地区水资源已经较为短缺，并且未来该地区的水资源量将会处于持续减少的状态，难以适应生活水平提高和人口增长对水资源的需求。在政治上，气候问题是引发中东国家战乱的一个主要因素。

从总体上看，中东国家在应对气候变化上已经从过去的消极态度逐渐转为积极重视和积极应对的态度。2015 年 12 月，《联合国气候变化框架公约》近 200 个缔约国在气候变化巴黎大会上一致通过了控制温室气体排放的《巴黎协定》，为全人类共同应对气候变化问题提供了新的法律依据，中东国家在其中也发挥了一定的作用。中东国家在参与气候变化国家谈判的同时制定了应对气候变化的相关立法与政策，可以归纳为两种类型，即“专门国家政策+分散立法”型和“分散国家政策”型。从比较法来看，发展中国家已经成为推动气候变化立法的主要力量，但中东地区的相关进展较为落后，亟须加以完善和提高，充分参考当前国际上气候变化立法的最新进展和发展趋势，以国家利益为基础，形成适合自身需要的应对气候变化法律与政策体系。

中东地区的法律和法规因国家而异。大多数国家有自己的宪法和法律体系，涵盖了各个领域，包括商业、劳动和知识产权相关法律等。一些国家（如沙特）采用伊斯兰教法（也称为沙里阿法）作为法律的基础。伊斯兰教法在家庭、继承和合同相关法律方面具有重要影响。

在中东地区相似的生存发展大环境下，其环境政策也存在一些共同特征：①中东大部分地区面临水资源短缺和水质问题，因此许多国家致力于制定严格的水资源管理法规，包括水资源的分配、回收利用和保护，其中以色列在水资源管理方面取得了许多创新成就，包括先进的水资源回收和海水淡化技术，同时也致力于推动可再生能源的发展。②中东地区的一些国家在应对气候变化和推动可持续发展方面取得了进展，包括制定减排目标、推动可再生能源发展，以及采取其他措施以减轻对环境的影响，如沙特近年来采取措施减少对化石燃料的依赖，并计划在可再生能源领域进行大规模投资，以推动清洁能源的发展。③由于快速城镇化和工业化进程，废弃物管理成为中东地区国家关注的焦点。一些国家正在加强废弃物处理和回收法规的制定，2005 年约旦制定了《固体废物管理法》，并建立了相关的废弃物管理机构，负责监督和管理废弃物处理、处置工作。约旦也在推动废弃物回收和再利用方面作出了努力。④中东地区国家普遍意识到环境挑战需要跨国界合作来解决，因此他们加强了与邻国及国际组织的合作，共同应对跨境环境问题。中东地区的许多国家与联合国环境规划署合作，在环境保护、气候变化适应、可持续能源和生物多样性保护等领域共同开展项目。1981 年 5 月 25 日成立的海湾阿拉伯国家合作委员会的成员国（包括沙特、科威特、阿联酋、卡塔尔、阿曼和巴林）在环境保护和可持续发展方面开展了合作，共同致力于应对空气和水污染、生物多样性保护、气候变化等问题。中东地区的一些国家在跨国河流和水资源管理方面也展开了合作。例如，尼罗河流域国家（包括埃及、苏丹、埃塞俄比亚等）就尼罗河流域的水资源管理进行协商和合作。

在发展趋势方面，中东地区的环境政策法规正朝着更加注重可持续发展、加强环境监测和执行、推动清洁能源和低碳经济发展等方向发展。同时，由于国际社会对气候变化和环境保护的关注不断增加，中东地区各国会更加积极地参与国际环境合作，并将国际环境承诺融入国内法律法规中。虽然中东地区的一些国家在法律执行上可能存在问题，法治和人权状况也存在挑战，在言论自由、新闻自由和人权保护方面面临着挑战，但是越来越多的中东地区国家正在努力进行改革和加强法治建设，以吸引外商投资和促进经济的可持续发展。

Chapter 2
第二章

沙特

“一带一路”环境政策法规蓝皮书（四）

本章由彭颖、李思颖撰写。

一、国家概况

1. 社会经济发展总体情况

（1）整体概述

沙特，全称沙特阿拉伯王国（Kingdom of Saudi Arabia），君主制王国，坐落于阿拉伯半岛，东临波斯湾，西临红海，同时拥有红海和波斯湾海岸线，海岸线长 2 448 km。沙特与多个国家接壤，北与科威特、伊拉克和约旦毗邻，东与卡塔尔和阿联酋交界，南与阿曼和也门相邻，国土面积 225 万 km^2，约占阿拉伯半岛总面积的 80%，是阿拉伯半岛国土面积最大的国家。沙特地势西高东低，西部红海沿岸为狭长平原，西南的希贾兹山脉主峰苏达峰海拔 3 133 m，是沙特最高峰；中部为高原；东部波斯湾沿海平原地势低平。沙特沙漠广布，沙漠面积约占国土面积的一半，北部有内夫得沙漠，面积约 5.7 万 km^2，多流动沙丘；南部有鲁卜哈利沙漠，面积约为 64.75 万 km^2，几乎覆盖沙特南部地区；东部有代赫纳沙漠，又称“小内夫得沙漠”，东西走向，呈长条形分布。

沙特的首都利雅得是沙特最大的城市，位于阿拉伯半岛的中心，面积为 1 219 km^2，2018 年在世界城市排名中进入世界一线城市行列。吉达是沙特第二大城市，位于沙特西部海岸中部，面积为 5 460 km^2，是沙特的金融、贸易中心，也是红海沿线的重要港口城市。根据沙特统计总局 2023 年 5 月公布的 2022 年人口普查结果，沙特人口总量达到 3 217 万人，其中沙特籍为 1 879 万人，占比达 58.4%，相较 2010 年人口总量年增速达 2.5%；沙特人口平均年龄为 29 岁，利雅得是沙特人口最多的城市，其次是吉达、麦加、麦地那和达曼。沙特的官方语言为阿拉伯语，通用语言为英语。沙特是伊斯兰教第一圣地麦加和第二圣地麦地那的所在地，伊斯兰教为沙特国教，逊尼派占 85%，什叶派占 15%。沙特的官方货币为沙特里亚尔（SAR）。

（2）宏观经济

沙特是西亚北非地区最大的经济体，被世界银行列为高收入经济体，是二十国集团（G20）中唯一的阿拉伯国家，还是石油输出国组织（OPEC）、海湾阿拉伯国家合作委员会（GCC）、阿拉伯国家联盟（LAS）、伊斯兰合作组织（OIC）的重要成员。沙特以石油资源丰富著称，沙特石油探明储量位居世界第二，是世界上最大的石油出口国。

由于经济长期依赖石油产业，国际石油市场的波动对沙特经济造成较大影响。为摆脱对石油产业的依赖，沙特于2016年提出“2030愿景”，大力发展钢铁、铝、水泥、海水淡化、电力、农业和服务业等非石油产业，同时加快推动石油石化产业健康转型，旨在实现多元化增长。根据“2030愿景”，预计2030年沙特财政收入中的非石油收入占比将由10%提升至70%。在一系列重大发展规划和倡议的支持下，沙特经济表现、政府效率和商业环境进步显著。2022年，沙特国内生产总值（GDP）达到11 081亿美元，居全球第17位。根据瑞士国际管理发展研究所（IIMD）发布的世界竞争力指数，沙特在2023年世界竞争力指数中的排名由2021年的第32位上升至第17位，远高于G20其他国家。

2. 贸易与产业情况

（1）贸易现状

沙特于2005年正式加入世界贸易组织，实行自由贸易和低关税政策。世界银行数据显示，2022年，沙特是全球第26大货物出口国和第32大进口国，对外贸易占其国内生产总值的59%。石油产品占沙特出口的绝大部分，其次是石化产品（丙烯、乙烯等）；机械和电气设备占进口比重最大，其次是汽车、化工和金属产品。沙特长期处于贸易顺差状态，并随着石油在全球需求和价格的变动而波动。

（2）产业现状

沙特产业以第二产业、第三产业为主。农业是沙特的基础产业之一。沙特70%的面积为半干旱荒地或低级草场，可耕地面积占国土面积的1.6%，永久性草地占国土面积的1.9%，森林覆盖率为0.5%。由于自然环境的限制，沙特无法发展大规模种植业，农业产值对GDP的贡献率较低。20世纪90年代，沙特农业曾繁荣发展，一度从粮食进口国转变为出口国。但由于其水资源日益紧张，沙特开始限制农业发展，转向重点发展海外农业、节水有机农业、渔业及粮食存储业。“2030愿景”的实施使沙特近年来的农业产值迅速增长。

如表2-1所示，2022年，农林渔业产值增速达到14%。油气产业是沙特的支柱产业。沙特拥有近130个油气田，其中包括世界最大的陆上油田加瓦尔和世界上最大的海上油田萨法尼亚，沙特油气资源由沙特阿拉伯国家石油公司（Saudi Aramco，以下简称沙特阿美）垄断开发。按重量分，沙特能够生产重质、中质、轻质、特轻质和超轻质 5 种原油，轻质油占其全部产能的 70%。2022 年，沙特阿美的平均油气产量为 1 360 万桶油当量/d，其中原油产量为 1 150 万桶/d，计划到 2027 年将原油最大可持续产能提高到 1 300 万桶/d。在保持油气产能稳定增长与供应的同时，沙特开始积极转向生产原油精炼产品。2022 年 12 月，沙特阿美与道达尔能源就在沙特境内建造一处世界级石化联合装置达成一致，将利用现有的沙特阿美道达尔炼油石化公司（SATORP 炼油厂）推进沙特阿美的石油化工战略。如表 2-1 所示，2022 年，沙特原油和天然气产值较 2021 年增长 72.4%，对 GDP 贡献率达到 32.6%；原油精炼产品产值增速达到 89.1%，对 GDP 贡献率由 2018 年的 3.7% 提升至 6.0%。此外，在“2030 愿景”改革与发展目标的引领下，沙特大力发展钢铁产业、建材产业、铁路产业、电力产业、房地产和医疗保健业等非油气产业。

表 2-1　2018—2022 年沙特按经济活动类别划分的国内生产总值占比及其增速　单位：%

经济活动		2018 年		2019 年		2020 年		2021 年		2022 年	
		占比	增速	占比	增速	占比	增速	占比	增速	占比	增速
农林渔业		2.5	2.5	2.6	2.2	3.0	1.3	2.7	7.6	2.4	14.0
矿产业		30.6	48.3	27.2	−12.0	19.5	−37.4	24.4	49.6	33.0	71.2
其中	原油和天然气	30.2	49.0	26.8	−12.3	19.0	−38.0	24.0	50.7	32.6	72.4
	其他	0.4	6.2	0.4	7.7	0.5	1.6	0.4	6.0	0.4	2.6
制造业		12.5	12.0	12.5	−1.6	12.7	−11.4	13.3	24.4	14.4	38.6
其中	原油精炼	3.7	41.8	3.4	−9.0	3.0	−23.9	4.1	62.1	6.0	89.1
	其他	8.8	2.8	9.1	1.5	9.7	−6.7	9.2	12.8	8.4	16.3
电力、燃气和供水		1.4	11.2	1.4	2.3	1.6	−4.9	1.3	2.7	1.1	2.0
建筑业		4.6	−5.7	4.9	7.1	5.8	3.5	5.2	5.9	4.6	13.1
批发和零售、住宿和餐饮		9.0	−0.7	9.7	7.8	10.1	−9.3	9.7	14.9	8.4	9.2
运输、仓储和通信		5.3	0.6	5.6	6.2	6.0	−7.3	5.2	3.8	4.3	6.0
金融、保险、房地产和商业服务		10.9	1.4	11.4	3.3	13.2	1.2	11.6	4.9	10.0	9.6
其中	房地产	6.4	1.8	6.6	1.3	7.5	0.0	6.4	2.2	5.2	2.6
	其他	4.5	0.8	4.8	6.3	5.7	2.9	5.2	8.4	4.8	18.3
公共、社会和个人服务		3.0	4.0	3.1	4.7	3.1	−12.4	3.0	12.3	2.6	11.3
行政服务		17.6	13.9	18.6	4.4	21.0	−1.2	17.6	0.1	14.5	4.4

资料来源：沙特统计总局。

3. 生态环境状况

（1）空气污染

沙特的空气污染现象较为突出。沙尘暴和荒漠化在一定程度上导致了较低的空气质量水平，而对化石燃料的高度依赖使沙特的空气污染问题日益严重。2022 年，沙特的 $PM_{2.5}$ 平均浓度是世界卫生组织年度空气质量指导值的 8.3 倍。IQ Air 的数据显示，2022 年沙特的空气污染程度在全球 131 个国家和地区中居第 15 位。

（2）水污染

沙特超过一半的水资源被过度消耗，用水量是世界平均水平的 2 倍，每年 82%的废水没有被净化再利用。尽管沙特依靠海水淡化来维持供水，但高昂的运营成本和环境影响对其效率构成了挑战。

（3）固体废物

沙特每年产生约 5 300 万 t 废弃物，对土壤和地下水造成严重污染。根据沙特国家废物管理中心的数据，2021 年其固体废物造成的环境退化价值约为 13 亿美元。预计到 2035 年，沙特将处理超过 1.06 亿 t 废弃物，届时将需要 1 300 多个处理设施和垃圾填埋场来处理废弃物。

（4）总体评价

耶鲁大学的环境绩效指数（EPI）给出了沙特在空气质量、饮用水质量、废弃物管理、气候变化、废水处理等方面的得分与世界排名，其中沙特的空气质量及细分项在 180 个国家和地区中排名接近倒数，如表 2-2 所示。

表 2-2　沙特环境绩效指数得分与世界排名

项目	EPI 得分（100 分制）	排名（共 180 个国家）
空气质量	32.8	99
$PM_{2.5}$ 浓度	—	174
O_3	31.1	148
SO_2	6.4	170
CO	51.3	102
环境卫生与饮用水	59.3	55
环境卫生	71.8	49

项目	EPI 得分（100 分制）	排名（共 180 个国家）
饮用水	51	63
废弃物管理	60.3	35
固体废物	91	29
回收	18.8	77
海洋塑料	40.4	54
气候变化	24.8	157
CO_2 增长率	41.4	79
CH_4 增长率	24.5	140
黑碳增长率	100	1
温室气体排放	0.2	169
废水处理	37.7	49
重金属	34.9	143

资料来源：沙特统计总局。

4．能源结构与发展趋势

沙特的一次能源产量以石油和天然气为主。2012 年以来，石油产量总体呈下降趋势，占比从 2012 年的 86.87%下降至 2021 年的 83.89%。天然气产量呈明显上升趋势，2021 年占比为 16.07%，较 2012 年占比增加约 3 个百分点。可再生能源产量缓慢增加，但截至 2021 年占比仍不足 0.1%，如表 2-3 所示。

表 2-3　2012—2021 年沙特一次能源产量　　单位：quad Btu

项目	2012 年	2013 年	2014 年	2015 年	2016 年	2017 年	2018 年	2019 年	2020 年	2021 年
天然气	3.600 976	3.624 64	3.714 119	3.784 002	3.914 854	4.040 235	4.112 68	4.169 337	4.206 837	4.273 361
石油及其他	23.819 4	23.342 95	23.450 92	24.364 53	25.247 67	24.454 07	25.067 65	23.687 93	22.440 39	22.304 3
可再生能源	0.000 247	0.000 401	0.000 437	0.000 429	0.000 425	0.000 643	0.001 992	0.002 903	0.006 887	0.008 39
总产量	27.420 623	26.967 991	27.165 48	28.148 96	29.162 95	28.494 95	29.182 32	27.860 17	26.654 11	26.586 051

注：1 quad Btu=10^{15} Btu≈1.055×10^{18} J，或约 2 930 亿 kW·h，是衡量国家或地区能源消耗、燃料产量等的常用单位。

资料来源：美国能源信息署（EIA）。

沙特能源消费结构同样以石油和天然气为主。2012—2021 年，天然气消费量上升明显，从 2012 年的 3.60 quad Btu 增至 4.27quad Btu，占比增长超过 10 个百分点。与之对应的，石油及其他消费量大幅下跌，2021 年消耗 4.89 quad Btu，较 2012 年减少约 2 quad Btu，占比下降约 12 个百分点。煤炭消费量维持在 0.001 8～0.003 0 quad Btu，占比基本不变。可再生能源的消费量有所增加，2021 年消耗占比约 0.08%，如表 2-4 所示。

表 2-4　2012—2021 年沙特一次能源消费量　　单位：quad Btu

项目	2012 年	2013 年	2014 年	2015 年	2016 年	2017 年	2018 年	2019 年	2020 年	2021 年
煤炭	0.001 917	0.002 375	0.002 563	0.002 57	0.002 716	0.002 95	0.002 33	0.002 939	0.001 811	0.001 99
天然气	3.600 976	3.624 64	3.714 119	3.784 002	3.914 854	4.040 235	4.112 68	4.169 337	4.206 837	4.273 361
石油及其他	6.879 191	7.139 439	7.474 091	6.072 714	8.354 434	7.864 19	7.541 403	7.182 023	4.864 469	4.892 82
可再生能源	0.000 064	0.000 237	0.000 266	0.000 256	0.002 03	0.000 524	0.001 876	0.003 94	0.005 631	0.007 361
总消耗量	10.482 148	10.766 69	11.191 04	9.859 541	12.274 034	11.907 9	11.658 29	11.358 24	9.078 748	9.175 532

资料来源：EIA。

2012—2021 年，沙特电力进口量较为稳定，维持在 3.37 亿～4.65 亿 kW·h。电力出口量则起伏较大，2016 年电力出口量超过 10 亿 kW·h，随后出口量大幅下滑到 1 亿 kW·h 以下。2021 年，电力出口量为 3.02 亿 kW·h，进口量为 0 亿 kW·h，如图 2-1 所示。

根据 Statista 数据库的统计，2022 年沙特电力装机总容量为 83.5 GW，其中化石燃料发电装机容量占比超过 95%。中国对外承包工程商会的报告显示，2022 年沙特非水可再生能源装机容量为 1 057.8 MW，较上年增长 137.1%。其中，太阳能装机容量达到 578.8 MW（光伏与光热装机容量分别为 505.8 MW、72.9 MW），风电装机容量达到 479.0 MW[①]。

① 中国对外承包工程商会：《2022“一带一路”基建指数国别报告——沙特阿拉伯》。

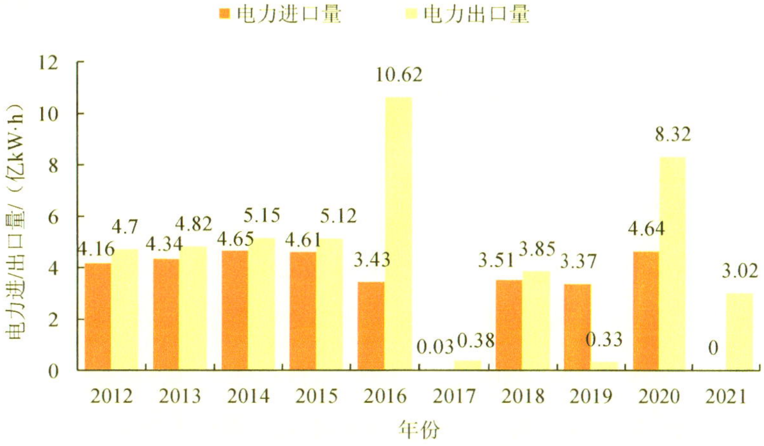

图 2-1 2012—2021 年沙特电力进出口情况

资料来源：EIA。

沙特的电力高度依赖传统能源，以石油和天然气发电为主，天然气发电的比例近年来明显上升。可再生能源发电自 2018 年以来虽逐步发展，但占比极小，2022 年依然保持小于 1%的占比。

沙特的风光资源充足，发展潜力巨大。沙特位于北纬 20°～30°西亚地区的阿拉伯半岛，日照条件充足，平均日照量达到 2 200 kW·h/m^2。Solar GIS 的数据显示，该国大部分地区年均全球地平面辐射值超过 2 100 kW·h/m^2。沙特的风能资源也较为充足，集中在东部波斯湾沿岸、西部红海沿岸以及西北部，大部分地区全年平均风速为 6.0～8.0 m/s。

沙特的可再生能源项目以风光发电为主。2019 年起，沙特可再生能源发电开始进入快速发展阶段。2021 年 4 月，沙特首个大型地面光伏电站——Sakaka 300 MW 光伏项目商运。2022 年 8 月，沙特首个大型陆上风电项目——Dumat Al Jandal 400 MW 风电项目正式投运。目前，沙特 1～4 轮可再生能源项目的公开招标已经完成，第 5 轮招标于 2023 年 11 月启动。沙特电动汽车市场持续扩大。沙特累计进口电动汽车 7 万余辆，主要来自美国、日本、中国、韩国、德国等国家。同时，沙特积极布局电动汽车制造及本土化。2018 年，沙特公共投资基金（PIF）向美国电动汽车公司 Lucid 投资了超 10 亿美元，持有后者 62.72%的股份。2022 年 11 月，PIF 牵头投资设立电动汽车制造企业 Ceer，为沙特及西亚北非地区其他国家的消费者设计、生产和销售汽车。沙特政府计划到2030年利雅得的电动汽车数量占比至少达到30%。

二、环境政策法规与标准

1. 环境政策法规

沙特主要环境政策法规为《沙特阿拉伯环境保护法》和各类实施细则。

沙特现行《沙特阿拉伯环境保护法》于2021年修订，共分为9章，其中规定了对空气、水资源、土地、植被、海洋和沿海区域、自然保护区、突发环境事件和灾害等领域的禁令及其处罚，旨在保护环境和发展的可持续性。

各实施细则是对《沙特阿拉伯环境保护法》的详细阐释，具体有《环保修复条例》《空气质量实施条例》《土壤污染防治实施条例》《保护水介质不受污染实施条例》《沙特阿拉伯废物管理法》等。污染环境行为将受到严厉处罚，处罚措施包括清理污染物、没收致污财产、罚款、停业整顿、吊销营业执照、判处有期徒刑等，如表2-5所示。

表2-5　沙特清洁能源领域相关法律条例

领域名称	相关法律条例
二手物资回收利用	《沙特阿拉伯废物管理法》 《沙特阿拉伯环境保护法》 《沙特阿拉伯废物回收利用行业标准》 《沙特阿拉伯商业法》 《沙特阿拉伯知识产权法》
风电	《沙特阿拉伯可再生能源计划》 《沙特阿拉伯能源效率计划》 《沙特阿拉伯电力产业法》 《沙特阿拉伯可再生能源和能效法案》 《沙特阿拉伯商业法》
太阳能	《沙特阿拉伯可再生能源计划》 《沙特阿拉伯太阳能政策》 《沙特阿拉伯太阳能标准和规范》 《沙特阿拉伯太阳能采购计划》

领域名称	相关法律条例
新能源汽车	《沙特阿拉伯新能源战略》 《沙特阿拉伯汽车行业法》 《沙特阿拉伯环境保护法》 《沙特阿拉伯能源法》 《沙特阿拉伯质量标准法》 《"2030 愿景"计划》 《电动汽车充电基础设施规范》
生物质能产业	《沙特阿拉伯生物质能产业法案》
传统能源清洁高效利用产业	《沙特阿拉伯可再生能源计划》 《沙特阿拉伯能源效率计划》 《沙特阿拉伯环境保护法》

2. 环境标准和主要内容

沙特的环境管理标准主要由沙特环境、水资源和农业部（Ministry of Environment，Water and Agriculture）制定和执行。以下是沙特一些与环境管理相关的标准和法规。

（1）环境保护标准

沙特制定了一系列环境保护标准，以保护空气、水和土壤质量，减少污染物排放，促进可持续发展。这些标准涵盖了各个行业的环境影响评估、废水处理、废弃物管理、噪声控制、土壤保护等方面。

（2）空气质量标准

沙特设立了空气质量标准，以监测和控制大气污染物的排放和浓度。这些标准涵盖了各种污染物，如 PM（PM_{10}、$PM_{2.5}$）、SO_2、NO_x 等，如表 2-6 所示。

表 2-6 沙特空气质量标准

污染物名称	相关标准
PM_{10}	对 PM_{10}（粒径小于等于 10 μm 的颗粒物）设定日均浓度限值为 150 μg/m^3。这是指在任何 24 小时内，PM_{10} 浓度的平均值不得超过 150 μg/m^3
$PM_{2.5}$	对 $PM_{2.5}$（粒径小于等于 2.5 μm 的颗粒物）设定年均浓度限值为 10 μg/m^3。这是指在一年内，$PM_{2.5}$ 浓度的平均值不得超过 10 μg/m^3

污染物名称	相关标准
SO_2	对 SO_2 的浓度设定日均限值为 80 μg/m³。这是指在任何 24 小时内，SO_2 浓度的平均值不得超过 80 μg/m³
NO_x	对 NO_x 的浓度设定年均限值为 40 μg/m³。这是指在一年内，NO_x 浓度的平均值不得超过 40 μg/m³

（3）水质标准

沙特制定了水质标准，以确保水资源的质量和可持续利用。这些标准包括对饮用水、地下水、河流和海洋水域的质量要求，以及废水排放的限制，如表 2-7、表 2-8 所示。

表 2-7　沙特水质标准

参数名称	相关标准
pH	一般要求地下水的 pH 在 6.5～8.5
电导率	地下水的电导率用于评估水中的溶解物质含量，通常要求电导率不超过 1 500 μS/cm
氯化物	地下水中的氯化物含量通常要求不超过 250 mg/L
硫酸盐	硫酸盐含量通常要求不超过 250 mg/L
氟化物	地下水中的氟化物含量通常要求不超过 1.5 mg/L
氨氮	通常要求地下水中的氨氮含量不超过 0.5 mg/L
溶解氧	地下水中的溶解氧含量通常要求在 5～9 mg/L

表 2-8　沙特废水排放标准

参数名称	相关标准
悬浮物	通常要求悬浮物排放浓度不超过 30 mg/L
生化需氧量（BOD）	通常要求 BOD 排放浓度不超过 30 mg/L
化学需氧量（COD）	通常要求 COD 排放浓度不超过 100 mg/L
氨氮	通常要求氨氮排放浓度不超过 20 mg/L
油和脂肪	通常要求油和脂肪排放浓度不超过 10 mg/L

（4）废弃物管理标准

沙特设立了废弃物管理标准，以规范废弃物的处理和处置。这些标准包括危险废物、垃圾填埋、废弃物处置等，如表 2-9 所示。

表 2-9 沙特废弃物管理标准

名称	相关标准
危险废物	根据废弃物的特性和危害程度，采用不同的分类和处理要求，符合国际标准和相关法规
垃圾填埋	要求进行垃圾分类和控制填埋过程，以减少对环境的污染和影响
废弃物处置	要求进行合理的废弃物处理，如焚烧、化学处理或其他适当的方法

（5）环境影响评估

沙特要求在重要工程和发展项目中进行环境影响评价（EIA）。这意味着项目申请人需要评估项目对环境的潜在影响，并提出相应的环境保护和影响缓解措施。

3. 环境管理机构

沙特的环境管理部门是沙特环境、水资源和农业部，负责制定和执行环境政策、管理水资源、保护自然环境和野生动植物，以及监测和控制污染。沙特还设有地方环境管理机构，如沙特环境保护局（Saudi Environmental Protection Agency）和沙特水资源管理局（Saudi Water Resources Management Agency），负责在地方层面推动环境保护和可持续发展。

4. 参与多边环境公约情况

沙特积极参与多边环境公约，内容涉及气候变化、生物多样性、水、海洋等多个方面。其参与的公约主要有《联合国气候变化框架公约》《生物多样性公约》《联合国防治荒漠化公约》《联合国海洋法公约》《巴黎协定》《非洲—欧亚迁徙水鸟保护协定》《濒危野生动植物种国际贸易公约》《关于汞的水俣公约》《控制危险废物越境转移及处置巴塞尔公约》《关于在国际贸易中对某些危险化学品和农药采用事先知情同意程序的鹿特丹公约》《关于持久性有机污染物的斯德哥尔摩公约》《保护臭氧层维也纳公约》《关于合作保护海洋环境免受污染的科威特区域公约》《国际防止船舶造成污染公约》等。

三、绿色技术与贸易投资情况

1. 绿色技术

（1）沙特绿色技术总体情况

为缓解荒漠化、温室气体过度排放等环境问题带来的不利影响，沙特非常注重水资源可持续利用、能源转型、碳减排等关键领域的技术支撑，推动实现可持续发展。

1）清洁用水

沙特采取各种举措解决水资源短缺问题，例如海水淡化、废水处理及再利用、开发可再生地下水、收集雨水和实施高效灌溉系统等。在海水淡化方面，沙特在海水淡化技术上投入了大量资金，重点采用反渗透技术（RO）改进海水淡化技术。沙特是世界上最大的淡化水生产国。2023 年 6 月完工的沙特朱拜勒 3A 海水淡化项目是沙特首座采用光伏太阳能发电作为补充电源的大型综合海水淡化项目，其 45.5 MW 的光伏电站能产生满足水厂每日能耗 20%的电量，每年可减少 6 万 t 碳排放。在废水处理方面，沙特通过改善废水管理，以减少废水对公共卫生和环境的影响，并提供充足的三级处理水，可重新用于农业、工业和城市活动等用途。2020 年，沙特合作建设了第一个建造—拥有—运营—转让模式的私营企业独立污水处理厂，该厂旨在推动私营部门污水处理计划。在节约用水方面，为了减少农业用水需求，政府计划将农田灌溉效率提高到 75%，并在 2030 年前减少不可再生地下水的使用量。通过卡特拉（Qatrah）计划，预计到 2030 年将沙特人均用水量降至 150 L。在废水再利用方面，政府正在推动将处理过的废水回用于农业和其他非饮用目的用途，以节约水资源，减少对淡水供应的需求，计划 2030 年将废水再利用率从 2016 年的 14.4%提高到 80%。

2）能源转型

沙特作为全球主要能源生产国，积极推动能源结构转型，采取措施增加清洁能源的使用比例、提升能源效率，并投资石油和天然气行业的清洁技术，以实现能源行业的现代化和多样化。在可再生能源开发方面，沙特已经启动数个大型可再生能源项目，包括 800 MW 的杜玛占达风电场（Dumat Al-Jandal）。政府还大力推广屋顶太阳能等小型可再生能源项目。2022 年，沙特政府宣布启动 13 个新的可再生能源项目。在能源效率方面，由沙特能源效率中心发起的《沙特阿拉伯能源效率计划》在发电厂、海水淡化设施、工业和农业领域取得了重大改进。在氢能方面，沙特已经启动氢燃料电池汽车、公共汽车、火车运输应用，以及可持续喷气燃料生产的试点项目，完成世界上最大的绿氢生产设施——NEOM 绿色氢气项目的融资；沙特阿美与沙特基础工业公司一起获得全球首个蓝氨和蓝氢生产的独立认证证书。

3）碳循环经济计划

由沙特发起、二十国集团领导人认可的碳循环经济计划主要包括碳的减少、碳的再利用、碳的循环利用和碳的消除 4 个方面，沙特在碳捕集、利用与封存领域的技术优势主要作用于碳消除和碳利用。碳的减少是指增加清洁能源使用以直接减少 CO_2 的产生；碳的再利用是指在不改变化学成分的情况下重复利用 CO_2，例如，沙特阿美旗下哈维耶天然气厂（图 2-2）每年捕获的 CO_2 达 80 万 t，回收的 CO_2 通过管道输送到 85 km 外的奥斯曼尼亚油田，用于提高原油采收率；碳的循环利用是指通过改变化学成分回收利用 CO_2，例如，沙特基础工业公司运营的大型碳捕集设施每年可从乙二醇生产中捕集 50 万 t CO_2，用于生产化肥、水泥等产品；碳的消除是指通过碳利用或植树造林消除已排放的 CO_2。沙特计划在东部地区建设世界上最大的碳捕集、利用与封存中心之一，到 2035 年，碳捕获、利用与封存能力将达到 4 400 万 t/年。

图 2-2 沙特阿美哈维耶天然气厂

图片来源：阿美中国。

（2）中国与沙特的技术合作分析

中国与沙特的技术合作建立在两国签署的多项经贸协定框架之下，随着产能、基础设施建设等传统合作的深入逐步拓宽至5G通信、新能源、航天、数字经济等高技术合作领域，中国充分发挥技术优势，助力沙特提高可持续发展能力。

2013年，中国与沙特签署《关于加强和平利用核能合作的谅解备忘录》。2014年，中国与沙特签署开展空间科学技术合作的谅解备忘录，为后续两国在航天领域的合作奠定了坚实的基础。2015年，中阿技术转移中心成立，其设立了8个双边技术转移中心，深入挖掘中国和阿拉伯国家的发展需求，建立了接近5 000家中外成员的技术转移协作网络，常态化开展技术推介对接活动。中国—沙特技术转移中心推动宁夏好水川食品有限公司与沙特阿布加达叶尔餐饮有限公司在沙特联合建设食品生产线。2018年，中阿清洁能源培训中心成立，以增强阿拉伯国家人员对中国技术及标准的了解，加强政策和技术交流，为中国研究机构和企业提供与阿拉伯国家平等交流的平台，在光伏、光热、风电、智能电网等领域组织了一系列的能力建设活动。同年，中国成功将“沙特-5A/5B”卫星发射升空。2022年，中国与沙特发表联合声明，强调加强能源合作，开发石油转石化技术领域富有前景的项目，加强在人工智能、能源产业创新等现代技术开发领域的合作。

中国国家主席习近平在首届中国—阿拉伯国家峰会上提出包括绿色创新在内的中阿务实合作“八大共同行动”，包括设立中阿干旱、荒漠化和土地退化国际研究中心，以及中阿北斗应用产业促进中心，在生命健康、人工智能、绿色低碳、信息通信、空间信息等领域共建一批联合实验室或研发合作中心，并利用中国风云气象卫星和世界气象中心（北京）支持阿拉伯国家防灾减灾。

（3）绿色技术发展规定

沙特绿色发展以“2030愿景”为引领，以“绿色沙特倡议”（图2-3）为发展框架，围绕节能减排、效率提升以及能源替代为核心的绿色技术发展布局成为驱动能源转型、推动可持续发展的核心。

图 2-3　“绿色沙特倡议”图标

图片来源：绿色沙特官方网站。

2016 年，沙特政府提出“2030 愿景”，确定“充满活力的社会、繁荣发展的经济和充满抱负的国家”三大支柱。其中，社会目标强调“实现环境可持续发展”，包括采取提高污水处理效率、建立全面的回收工程、减少污染、防止沙漠化等措施保护生活环境，减少水资源消耗，以及保护海滩、海岛资源等，对绿色技术的发展提出了较高要求。2021 年，沙特提出“绿色沙特倡议”，旨在加强沙特本国自然环境保护工作，应对气候变化，提高生活质量。根据“绿色沙特倡议”，沙特将在未来数十年内种植 100 亿棵树，相当于恢复 4 000 万 hm^2 退化土地；预计在 2030 年之前种植 4.5 亿棵树；自然保护区面积占陆地和海洋总面积的比例将由 2021 年的 16.9%提升至 30%；到 2030 年，碳排放量每年减少 2.78 亿 t，可再生能源项目提供超过 50%的电力供应；加快全面落实碳循环经济计划，到 2060 年实现净零碳排放。

为实现上述目标，沙特已经启动近 60 个项目。这些项目对绿色技术的变革与发展产生了深远影响，部分项目如表 2-10 所示。沙特能源与气候变化委员会和环境委员会负责监督相关发展目标的实施情况，并确保所有工作符合最高国际标准。

表 2-10 “绿色沙特倡议”框架下启动的部分项目

序号	项目名称	相关描述	实体机构	完成期限
1	巩固沙特的能源效率计划	在发电、海水淡化、输配电等各领域实施新的能源效率标准	沙特能源效率中心；能源部	2025 年
2	运用碳捕集技术生产化学品和合成燃料	利用新技术将捕获的 CO_2 转化为小规模绿色甲醇，每天产量为 12 t	能源部；沙特基础工业公司；沙特阿美	2030 年
3	成为世界领先的氢气生产国和出口国	每年生产 400 万 t 清洁 H_2，并借此捕获 2 700 多万 tCO_2	沙特空气产品公司；沙特国际电力水务公司；沙特基础工业公司；沙特阿美；能源部；尼尤姆新未来城绿色氢气公司	2030 年
4	利雅得的废弃物管理转型	将利雅得所产生的各类废弃物中的 94%从垃圾填埋场中转移，同时将 130 多万 t 可降解垃圾进行堆肥	沙特投资回收公司；沙特国家废物管理中心	2035 年
5	百亿树木项目	通过广泛的研究和规划工作，确保以可持续的方式种植 100 亿棵树，并令这些树木在沙特多样的自然环境中茁壮成长	国家植被覆盖及防治荒漠化中心；环境、水资源和农业部	2022 年
6	在山地梯田种植 4 500 万棵农作物	将农业经济回报提高 30%，收集雨水灌溉农作物	环境、水资源和农业部	2025 年
7	建立苗圃和种子银行	培育 56 种本土植物，每年出圃苗木 60 万株	埃尔奥拉皇家委员会	2021 年
8	加强环保合规	加强危险废物管理、石油泄漏、化学品、空气质量等方面的法规和管控，包括组建监察体系及环境许可流程的自动化	沙特国家环保合规中心	2024 年

资料来源：根据绿色倡议网站相关信息整理得到。

专栏 2-1 中国与沙特在通信领域开展广泛交流合作

以 5G 通信领域为例，2023 年 10 月，中国企业华为与沙特领先的电信运营商 Zain KSA 签署绿色节能合作谅解备忘录，双方就“Green 5G，5G for Green”战略目标达成一致，约定基于无线网络能效指标（NEE2.0），通过系统性高能效硬软件方案部署支持沙特 Zain KSA 网络绿色发展。根据谅解备忘录，双方将进一步就创新与应用高能效硬件设备、引入智能节能技术、推动通信设备全生命周期节能降碳等方面展开合作。

在应用高能效硬件设备方面，Zain KSA 将联合华为大规模部署有源天线单元（MetaAAU）、超宽频射频拉远单元（RRU）等高能效硬件，依托华为超大规模天线阵列（ELAA）技术、超宽带功放与射频算法等实现网络能效大幅度提升。最新“0 bit 0 watt”节能技术将进一步降低设备能耗，实现低于 10 W 的极低“待机”能耗。在引入智能节能技术方面，双方将共同努力，为设备能效、频段覆盖、话务流量、所开启的节能特性等均存在差异的复杂网络引入 iPower Star 智能化节能解决方案，实现智能化节能策略制定，最大化整网能效。推动通信设备全生命周期节能降碳，双方将深入探索设备端到端的节能降碳方法。碳排放产生于设备制造、运输、在网运行、回收等生命周期的各个阶段，从选材、减重、降低运行能耗、设备可回收各个层面加强技术创新将大幅加速绿色网络发展。在此之前，华为与 Zain KSA 在绿色节能领域合作已有 3 年，2022 年华为助力 Zain KSA 移动网络节能近 28%。

2. 绿色贸易

（1）沙特贸易总体情况

1）贸易规模

沙特长期出口大量石油使沙特一直处于贸易顺差。如图 2-4 所示，2015—2022 年，沙特货物进口规模长期小于货物出口规模，贸易顺差不断扩大。2022 年，沙特货物贸易出口额为 15 419.41 亿沙特里亚尔，较 2021 年增长 48.88%；进口额为 7 120.38 亿沙特里亚尔，较 2021 年增长 24.22%；贸易顺差扩大至 8 299.03 亿沙特里亚尔，较 2021 年增长近 80%，达到自 2015 年以来的最大值。

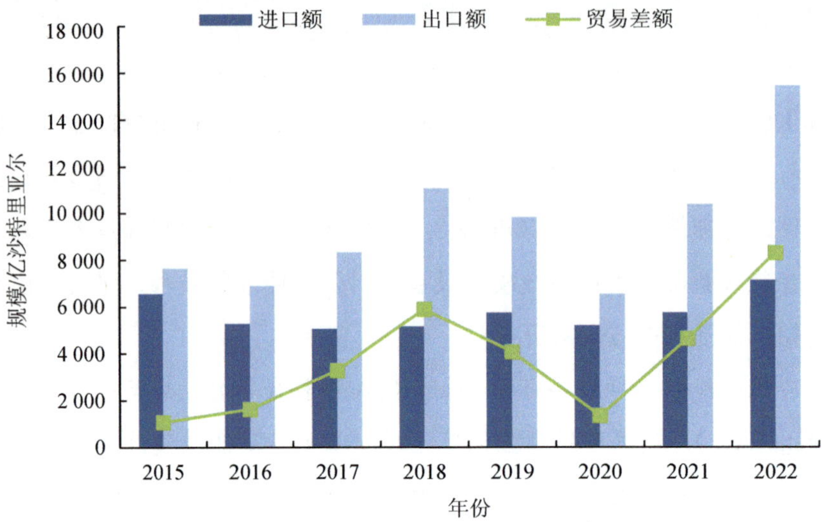

图 2-4 2015—2022 年沙特货物贸易规模

资料来源：沙特统计总局。

2）贸易结构

沙特货物贸易出口以石油产品为主，进口产品相对较为多样化，前 3 类分别为电子产品、车辆船舶和化工产品。沙特的出口产品可分为石油产品、非石油产品及转口贸易 3 类，其中石油产品是指矿物燃料、矿物油及其蒸馏产品、沥青物质、矿物蜡等。如图 2-5 所示，2022 年石油产品、非石油产品及转口贸易占沙特货物贸易出口额的比重分别为 79.53%、17.23%、3.24%。表 2-11 详细列出了沙特主要进口、出口货物类别及其占进口额、出口额的比重。

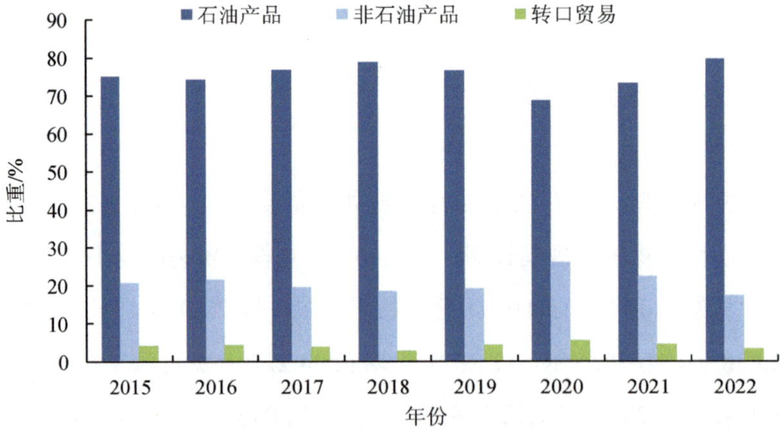

图 2-5 2015—2022 年沙特货物贸易分类别出口规模

资料来源：沙特统计总局。

表 2-11　2018—2022 年沙特主要出口货物和进口货物及其占比　　单位：%

产品	产品描述	2018 年	2019 年	2020 年	2021 年	2022 年
出口						
05	矿产资源	79	77	69	74	80
06	化工产品	7	7	9	8	7
07	塑料橡胶及制品	7	7	10	9	6
15	贱金属及其制品	2	2	3	2	2
17	车辆船舶等	1	2	3	2	1
进口						
16	电子产品	22	21	21	20	19
17	车辆船舶等	16	21	16	15	14
06	化工产品	10	9	10	11	10
15	贱金属及其制品	9	9	10	9	9
05	矿产资源	4	3	4	5	8

资料来源：沙特统计总局。

3）贸易伙伴

如表 2-12 所示，2022 年沙特前五大出口目的地依次为中国、印度、日本、韩国和美国，占出口额比重分别为 16%、10%、10%、9%和 6%；前五大进口来源地依次为中国、美国、阿联酋、印度和德国，占进口额比重分别为 21%、9%、6%、6%和 4%。自 2013 年以来，中国一直是沙特最大的贸易伙伴，2022 年中沙双边贸易额达 1 160.4 亿美元，同比增长 33.1%。

表 2-12　2018—2022 年沙特主要货物贸易伙伴　　单位：%

国家	2018 年	2019 年	2020 年	2021 年	2022 年
出口主要目的地及占出口额比重					
中国	13	18	18	18	16
印度	9	10	9	10	10
日本	11	10	10	10	10
韩国	9	8	8	8	9
美国	9	5	5	5	6
进口主要来源地及占进口额比重					
中国	16	18	20	20	21
美国	14	12	11	11	9
阿联酋	8	7	7	8	6
印度	4	4	5	5	6
德国	6	5	5	5	4

资料来源：沙特统计总局。

（2）沙特对中国贸易分析

2018—2022 年，沙特对中国货物贸易规模快速增长，贸易顺差不断扩大。如图 2-6 所示，2018 年沙特对中国货物贸易出口额为 1 467.03 亿沙特里亚尔（约 391.21 亿美元），沙特从中国进口额为 818.21 亿沙特里亚尔（约 218.19 亿美元），占沙特货物贸易进口总额的 16%（表 2-11），对中国贸易顺差为 648.82 亿沙特里亚尔（约 173.02 亿美元）。2020 年受到新冠疫情的影响，沙特对中国进出口均略有下降。2022 年，沙特对中国货物贸易快速增长，对中国出口额达到 2 499.26 亿沙特里亚尔（约 666.47 亿美元），较 2018 年增长 70%，占沙特出口总额的 16%，较印度、日本高出 6 个百分点；从中国进口额为 1 492.52 亿沙特里亚尔（约 398 亿美元），较 2018 年增长 82%，占沙特进口总额的 21%，高出美国 12 个百分点；对中国货物贸易顺差达到 1 006.74 亿沙特里亚尔（约 268.47 亿美元），5 年内增幅达到 55%。

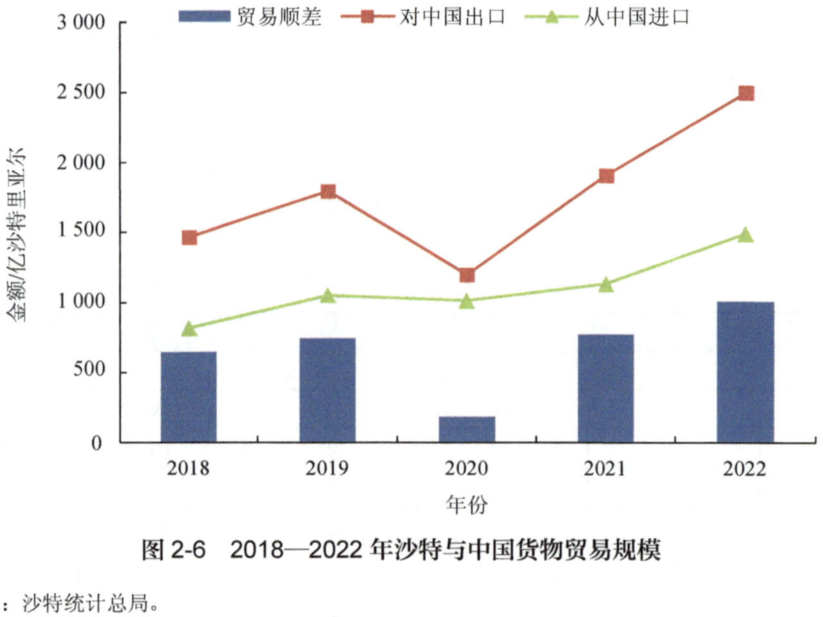

图 2-6　2018—2022 年沙特与中国货物贸易规模

资料来源：沙特统计总局。

沙特对中国出口以石油产品为主。2022 年，沙特对中国出口石油产品 2 125.58 亿沙特里亚尔（约 566.82 亿美元），约占沙特对中国货物贸易出口总额的 85%。在非石油出口方面，如图 2-7 所示，沙特对中国出口以化工产品、塑料橡胶及制品，以及矿产资源为主，占非石油出口的比重超 90%。具体地，2022 年沙特对中国出口有机化学产品 188.45 亿沙特里亚尔，占其近 97%的化工产品出口份额，占对中国非石油出口的比重达到 50%；对中国出口塑料及其制品 116.72 亿沙特里亚尔，占其近 95%的塑料橡胶及制品出口份额，占对中国非石油出口的比重达到 31%；沙特对中国出口的矿产资源主要为矿砂、矿渣及矿灰等。

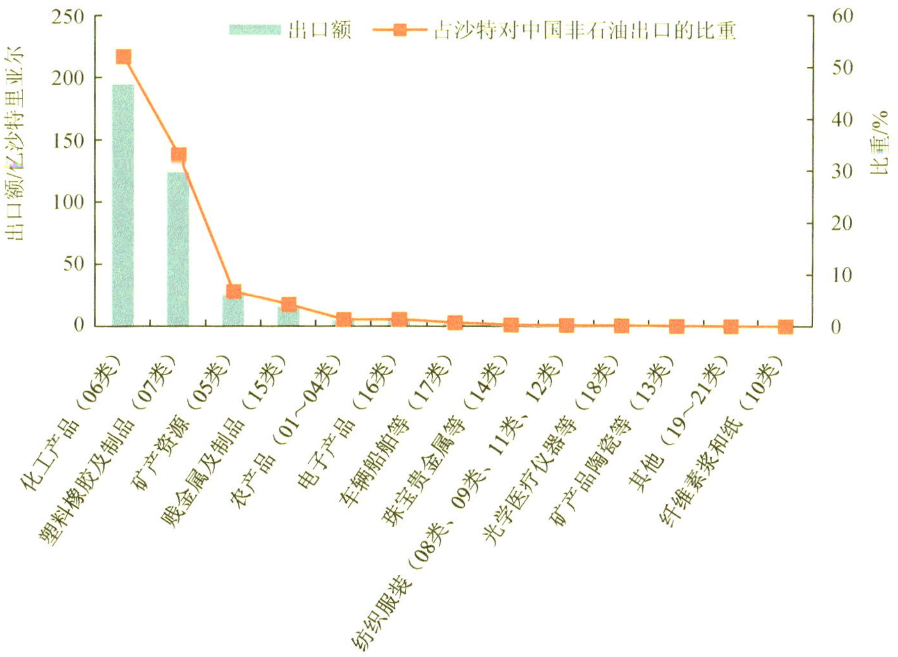

图 2-7　2022 年沙特对中国分产品出口额及占比（非石油产品）

资料来源：沙特统计总局。

沙特从中国进口以电子产品、车辆船舶产品、纺织服装产品为主。如图 2-8 所示，2022 年沙特从中国进口电子产品 556.53 亿沙特里亚尔，约占沙特从中国进口货物贸易总额的 37%；车辆船舶产品和纺织服装产品进口额分别达到 213.91 亿沙特里亚尔和 166.47 亿沙特里亚尔，占沙特从中国进口总额的比重分别为 14%和 11%。

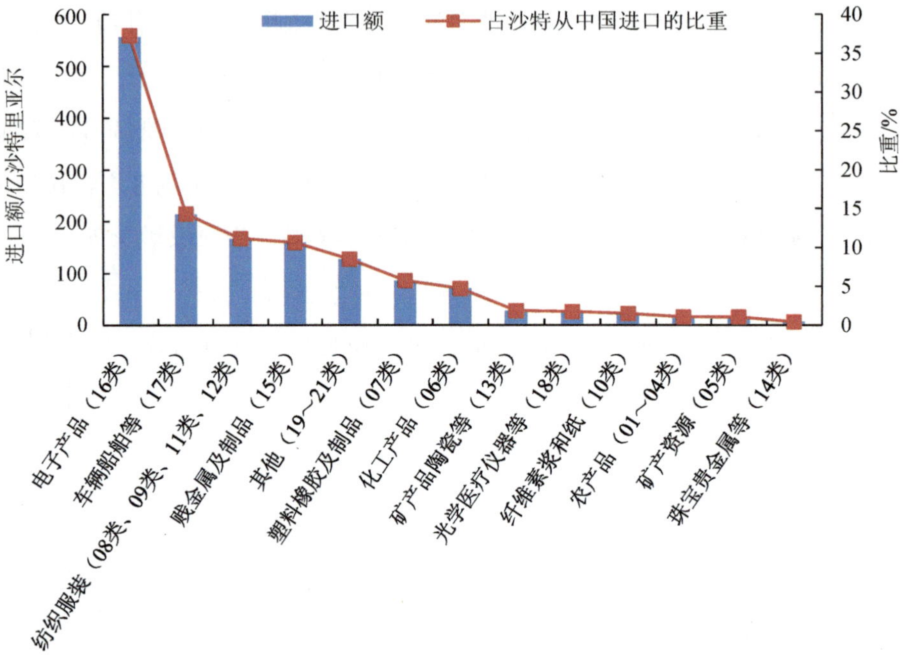

图 2-8　2022 年沙特从中国分产品进口额及占比

资料来源：沙特统计总局。

（3）绿色贸易相关规定

沙特对进口货物的监管日趋严格。为实现“2030 愿景”，沙特于 2018 年开始逐步实施“沙特产品安全计划”（SALEEM），以加大对进口产品质量的监管。该计划由沙特标准、计量与质量局（SASO）负责管理，旨在确保进口产品可以提高沙特公民生活质量水平，推动经济与贸易的发展，并最终促进“2030 愿景”的实现。根据 SALEEM 计划，自 2019 年 1 月起，SASO 推出在线认证系统 SABER，并陆续发布 50 余项需要实施 SABER 认证的产品技术法规清单，如儿童玩具、低电压产品、电信设备、电动汽车、电池、纺织产品、消防器材、摩托车、可降解塑料产品、洗涤剂等。每项技术法规都包括对特定产品的特性、生产方法、生产过程和使用过程的规定，明确了该产品销售至沙特市场必须符合的测试标准和技术规范。SASO 通过 SABER 平台向所有出口至沙特并符合上述相关技术规范的产品签发符合性证书（CoC）。SABER 平台在线认证流程可划分为两个阶段，进口商首先需要按照相关技术法规中的适用产品标准申请获得产品符合性证书（Product CoC），系统将根据进口商所提供的海关编码和产品类别划分产品的风险等级，采用不同的符合性检验程序，由获得认可的机构完成产品测试和验证后签发证书，有效期通常为一年。在该证书有效期内，每批次货物需通过 SABER 平台上传必要的信息和资料，以获取批次符合性证书（Shipment CoC）。

专栏 2-2 中国新能源汽车在沙特市场份额不断提高

2022 年，沙特新车销量超过 63 万台，同比增长 12.1%，而中国品牌汽车销量增幅达到 22.2%。2023 年 9 月，中国宇通客车生产的 87 辆机场摆渡车出口至沙特，该笔订单刷新了中国出口海外机场摆渡车数量的纪录。

随着该批车辆被投放到沙特 21 个机场，中国宇通也将占据沙特机场摆渡车市场 60%的份额。在订单招标阶段，中国宇通派驻专人对沙特机场环境和客户使用需求做了充分的调研与论证，并结合实际运营场景进行定向研发制造，最终在全球候选品牌激烈角逐中脱颖而出。中国宇通生产的机场摆渡车充分发挥新能源领域的优势，采用金刚封闭环全承载车身结构，依托先进的整车阴极电泳防腐工艺，配备可升降的电控空气悬架以及高效、节能、抗菌的大功率独立空调系统，确保车辆在沙特高温干燥环境下能够经久耐用。

（4）二手物资回收利用

快速的工业化、城镇化进程以及人口增长，使沙特居民消费支出不断增长，沙特的人均废弃物产生量在全球位居前列。目前沙特的废弃物管理尚处于起步阶段。沙特废弃物回收率不足 10%，超过 90%的废弃物通过填埋方式处理，且大部分废弃物被填埋时并未经过特殊处理来限制其对环境的有害影响。为了促进废弃物的中间处理和回收利用，PIF 于 2017 年设立沙特投资回收公司，旨在开发、投资和运营沙特废弃物回收行业，预计到 2035 年，约 85%的有害工业废弃物、100%的固体废物以及 60%的建筑废弃物将从填埋场转移出去，进行回收、堆肥或焚烧，直接填埋比例将降至 6%。在社区层面，一些社会团体致力于推动社区一级的废弃物回收利用，通过提供分类设施，回收废纸、废塑料、家具等，鼓励人们将二手物资捐给慈善机构。此外，沙特部分公司将废弃物回收利用纳入日常经营管理范畴，以加大对办公用品的回收利用力度。

1）二手车

沙特是中东地区主要的汽车消费市场，由于公共交通系统不完善，城市内及邻近城际之间通行的主要交通工具均为汽车。沙特国内没有成熟的汽车工业，所需汽车几乎全部依赖进口。中国商务部对外贸易司发布的《中国二手车出口国别指南（2021）》显示，沙特二手车年进口量为2.5万～3万辆。沙特炎热的气候和严峻的沙漠环境对汽车品质提出严苛要求，而且当地政府鼓励生育，家庭人口普遍较多，日系车、德系车和美系车等内部空间较大的车十分流行，当地畅销的车型主要有丰田埃尔法、本田奥德赛、丰田兰德酷路泽、丰田普拉多等。

进口二手车时，沙特仅允许进口左舵车辆且未对车辆转向系统进行改装，进口的二手车和其他轻型汽车的制造年限不得超过5年。对于进口二手大型和重型卡车，制造年限必须少于10年。禁止进口曾经发生水淹、过火、碰撞或倾翻等重大事故的车，以及以前用作警务、应急和出租车使用的车。沙特要求进口车身完好，如果车身损坏是在到达港发生的，则必须向主管当局提交相应的证明。如果进口人的商业登记中不包括车辆销售与进口，则其每年进口车辆不得多于1辆。如果进口人不是海湾阿拉伯国家合作委员会国家公民，则需持有有效的居留授权书。进口二手汽车所需文件包括SASO证书、合法采购发票、原产地证书、保险凭证、报关费、卸货授权、许可证副本等。

在关税方面，二手乘用车进口关税为5%，二手卡车关税为12%。海关以汽车生产商发布的价目表为基准，根据车型年份及折旧率计算车辆的当前价值，并添加货运和保险价值。然后每月根据车龄对车辆价值进行扣减，如果在其生产年份的前6个月进口，则被认为是新车，不扣减；对于在生产年份后6个月至1年内进口的车辆，按每月2%的比率进行扣减；对于在生产年份第2年至第5年进口的车辆，按每月1%的比率进行扣减；从生产年份开始计算超过5年后，最高扣减比率为进口汽车价格的60%。特种车辆和古董车除外。因阿联酋、沙特同属海湾阿拉伯国家合作委员会关税联盟，相互间商品流通零关税，故沙特大部分二手车从阿联酋转口而来。

在增值税方面，由展厅或在增值税系统中注册的个人出售的二手车须缴纳增值税。值得注意的是，当从事经济活动的个人年收入达到375 000沙特里亚尔时，则必须在增值税系统中登记。为应对新冠疫情造成的财政压力，以及降低对石油收入的依赖，沙特政府于2020年7月1日将增值税税率从5%提高到15%。2023年7月1日起，政府决定对符合条件的二手车交易以销售利润率代替售价计算增值税，刺激二手车市场的发展。这一举措并非是普遍实施的，而是专门针对从事汽车贸易业务的个人（包括授权机构和汽车展厅），须符合特定标准。例如，二手车需在沙特注册并使用过，符合管理部门对“合格二手车”的认定；贸易商必须是在沙特注册的纳税人，并持有汽车交易活动许可证；贸易商还需获得主管部门的批准，才能对“合格二手车”采用销售利润率方法计算增值税。

2）其他二手物资

沙特禁止进口旧轮胎和翻新轮胎、旧衣服。所有使用过的家电产品，除个人使用外，也同样被禁止进口到沙特。因车辆配件耗损较大，沙特对轮胎、电池、冷却液、刹车片、空调、齿轮等汽车零部件的需求巨大，但大多数二手汽车零部件不能进口到沙特，如果翻新的发动机、齿轮机械、车辆外壳符合当地认证标准则可以豁免。所有翻新的汽车零部件上都须印有“RENEWED”字样，且不能涂抹油或油脂，必须使用木箱包装。2021年12月，沙特出台《沙特阿拉伯废物管理法》，规范了废弃物的进出口。根据该法第19条规定，沙特禁止未经许可进口危险废物；对于规定的废弃物，未经国家废物管理中心（MWAN）许可，禁止进口、出口、再出口或过境；对于非新或回收的装置、设备和产品，经MWAN认定为废弃物后，未经许可不得进口、出口或回收。

3. 环境领域投资

(1）环境投资总体情况

沙特寻求通过提供和开发投资机会，刺激本地投资和吸引外国投资者以实现多元化增长。2016年以来，沙特政府在投资者服务方面实施约500项改革措施，为投资者提供财政和税收支持，以及其他各种服务，沙特投资环境不断改善。世界银行发布的《2020年全球营商环境报告》显示，2020年沙特在营商便利度指数中跃升30位至第62位，是全球营商环境改善最为显著的经济体。

PIF（图2-9）是沙特的主权基金，是执行沙特国家经济发展战略的重要主体，在沙特经济绿色转型中起主导作用。尤其是2020年新冠疫情导致沙特非石油部门私人投资急剧下降，沙特政府通过PIF加大公共投资力度，以提振沙特经济。沙特政府提出2060年碳中和目标后，PIF加强了在该领域的投资。根据PIF

2021—2025 年五年发展战略，沙特 70%的可再生能源开发项目将在 PIF 的投资下开发，以促进沙特可再生能源容量的增长和可再生能源技术的本地化。2022 年 10 月，PIF 首次发行国际绿色债券，在国际资本市场筹集 30 亿美元，开创了全球主权财富基金发行绿色债券的先例。2023 年 2 月，PIF 宣布完成第二批绿色债券发行，筹集资金 55 亿美元。PIF 绿色债券旨在为基于“绿色沙特倡议”的合格绿色项目提供资金，包括可再生能源、能源效率、可持续水资源管理、污染防治、绿色建筑和清洁交通等领域的合格绿色项目，计划在 2026 年前向合格绿色项目投资至少 100 亿美元。目前 PIF 在沙特国内投资的项目有 NEOM 新城、沙特国际电力水务公司、沙特投资回收公司、国家能源服务公司等。根据联合国贸易和发展会议（UNCTAD）发布的《2023 年世界投资报告》，按可再生能源领域国际新建项目和项目融资交易数量，2015—2022 年新兴市场和发展中经济体的跨国企业中，沙特国际电力水务公司以 53 个项目位居首位。

图 2-9 沙特公共投资基金

图片来源：PIF 网站。

外国直接投资可以为实现绿色增长提供所需的资金和技术资源，在沙特绿色投资中同样发挥着至关重要的作用。联合国贸易和发展会议数据显示，2022 年沙特外国直接投资流量为 78.86 亿美元，外国直接投资存量达到 2 689.47 亿美元。自 2016 年启动“2030 愿景”以来，沙特政府在运输和物流、信息和通信技术、健康和生物技术、教育、旅游、娱乐、工业（采矿和制造业），以及可再生能源等领域寻求外国投资，累计吸引外国直接投资额约 449 亿美元。

（2）绿色投资相关规定

根据“2030 愿景”，沙特将加大对前景行业的投资力度，使其发展成为国民经济新支柱，包括在制造业领域推动新能源的本地化及工业设备制造、在科技领域投资数字化经济、在矿业领域将石油和天然气产业本地化程度从 40%提高到 75%。在新能源领域，沙特政府承诺建立一个具有竞争力的新能源市场，设定生产 9.5 MW 新能源的初始目标，致力于实现新能源价值链绝大部分国有化，包括研发、生产制造等环节。为此，沙特政府将重新审核相关法律和规定框架，允许私营部门在新能源领域交易和投资，鼓励公私合营，并逐步开放燃料市场以保障新能源的竞争力。到 2030 年，沙特投资规模将达到其 GDP 的 30%，其中，国内投资年增长率达到 9%，外国直接投资占其 GDP 的比例从 3.8%增至约 5.7%，私营部门对 GDP 的贡献将从 40%增至 65%。

沙特对外商投资实施负面清单管理制度。近年来，沙特不断缩减负面清单，扩大外商投资领域。截至 2023 年 1 月，沙特禁止外资投资的行业有工业部门中的石油勘探、钻探和生产（但不包括国际分类码 5115+883 项下的矿产领域服务），服务部门中的军事部门服务、调查和安全服务，麦加和麦地那不动产投资，与朝觐相关的导游服务、劳务服务，国际分类码 621 项下规定的有偿商业代理服务，鲜活水产捕捞。外国投资者在沙特从事投资活动必须取得沙特投资部颁发的投资许可证。2020 年 2 月，原沙特投资总局更名为沙特投资部（MISA），负责制定和实施吸引本地投资者和外国投资者的投资政策。根据 MISA 公布的沙特投资决策指导原则，沙特本国投资者和外国投资者须根据国家政策法规和沙特加入的国际公约，遵守有关劳工、健康和环境安全的法规，维持环境和社会标准。外国投资者向不同行业投资时，需要向 MISA 申请不同的投资许可证，共有服务许可证、工业许可证、科技办公室许可证、政府项目建议临时许可证、商业许可证等 20 种许可证。值得注意的是，外国投资者申请获得工业许可证需额外通过工业和矿产资源部培训，并获得国家环境合规中心的环境批准。除负面清单列出的禁止外资进入领域外，沙特在部分行业会施加注册资本及沙特股东最低股比等投资限制，具体体现在对投资许可证申请的限制（表 2-13）。

表 2-13　沙特对特定投资许可证类型的申请限制

序号	投资许可证类型	最低资本	沙特股东最低股比
1	合资商业	2 666.666 7 万沙特里亚尔（外国资本持股不少于 2 000 万沙特里亚尔，合伙比例不超过 75%）	25%

序号	投资许可证类型	最低资本	沙特股东最低股比
2	外商独资商业	3 000 万沙特里亚尔	—
3	通信	—	40%
4	通信增值服务	—	30%
5	保险	—	40%
6	再保险	—	40%
7	房地产融资	20 000 万沙特里亚尔	40%
8	房地产投资	投资须位于麦加和麦地那圣地以外地区，且单个项目价值不低于 3 000 万沙特里亚尔（包含土地和建筑成本）	—
9	建设项目管理、详细工程设计和设计—采购—施工总承包（EPC）合同	—	25%
10	公共交通（城市内的公共汽车交通）	50 万沙特里亚尔	30%
11	公共交通（城市内的地铁交通）	50 万沙特里亚尔	20%
12	股份公司	50 万沙特里亚尔	—
13	一人股份公司	500 万沙特里亚尔	—
14	其他运输业务	1 000 万沙特里亚尔	—
15	数字业务	200 万沙特里亚尔	—
16	金融机构债务追讨	1 000 万沙特里亚尔	—

注：房地产开发项目的资本金没有最低限额；一人股份公司不包括政府参与的公司。

资料来源：《沙特投资部服务手册（第十版）》。

专栏 2-3 中国企业在沙特绿色投资案例

中国企业与沙特在钢铁、可再生能源、绿色工程建设等领域合作成果显著。以钢铁领域为例，2021 年 9 月 7 日，中国宝武钢铁集团有限公司旗下的宝山钢铁股份有限公司与沙特阿美签署谅解备忘录，协商计划在沙特建设一座世界一流的全流程厚板工厂。2023 年 5 月 1 日，宝山钢铁股份有限公司与沙特阿美、PIF 在沙特阿美总部正式签约，将共同在沙特拉斯海尔工业城建设全球首家绿色低碳全流程厚板工厂，预计 2026 年底建成并投入使用。

根据协议，三方共同投资成立合资公司，宝山钢铁股份有限公司持股 50%，沙特阿美和 PIF 分别持股 25%。合资公司成立后，将建成年设计产能达 250 万 t 直接还原铁、167 万 t 钢、150 万 t 厚板的工厂，主要服务于中东北非地区的油气、造船、海工和建筑行业。该项目将充分利用沙特当地丰富的天然气、绿电等资源，采用“竖炉+电炉”组合的工艺路径。项目将配备一座基于天然气的直接还原铁炉和一座电弧炉，与传统高炉相比，炼钢过程中的 CO_2 排放量将减少 60%以上。

未来，项目设备还将实现与氢气兼容，CO_2 排放量有望减少 90%。该工厂是宝山钢铁股份有限公司首个海外绿地全流程钢铁项目，也是沙特首个此类工厂，将大幅降低沙特对进口钢材的依赖，加强供应链本地化，探索钢铁行业绿色低碳转型路径，促进沙特经济增长和产业多元化发展，有望成为中沙经济合作的示范性项目。

四、可再生能源行业法规标准

1. 总体规划

沙特于 2016 年推出“2030 愿景”和“国家转型计划”，计划通过增加对可再生能源的投资等一系列措施降低对石油的依赖。2017 年，沙特政府发布首个国家可再生能源目标规划，计划到2030年新增可再生能源装机总量达到9.5 GW。

2019 年，沙特政府对原目标进行修改，最终规划包括两个阶段和两大目标。第一阶段，到 2023 年，实现新能源发电装机 27.3 GW；第二阶段，到 2030 年，实现新能源发电装机 58.7 GW，其中光伏 40 GW、风力发电 16 GW、光热发电 2.7 GW。两阶段总投入金额为 3 800 亿沙特里亚尔。

此外，沙特还计划到 2030 年回收 82%的垃圾，并将 19%的垃圾加工后用于垃圾发电，达到 3 GW 的垃圾焚烧发电能力。

2. 可再生能源行业政策标准

沙特目前没有专门针对可再生能源的政策法规，电力方面的一般法规为《电力法》，其囊括了可再生能源在内的所有电力类型，规定了沙特能源部的职责、许可证管理框架、电价监管机制等。

2022 年 11 月，沙特电力监管局批准自用可再生能源系统监管框架。无论并网或离网，凡系统容量在 1 kW 以上，均应遵照此监管条例。自用可再生能源系统装机容量不得超过 30 MW。

在具体标准方面，沙特标准、计量和质量组织批准的《太阳能光伏系统技术法规》涉及光伏系统相关的技术标准，包括光伏阵列的设计要求、电池充电控制器的性能要求、光伏系统的测试和组件维护要求等。沙特电力公司则对大型光伏项目的电网连接标准做出界定。

可再生能源领域的外商投资者享受沙特政府的一系列政策优惠，如表 2-14 所示。

表 2-14　沙特一系列政策优惠

1	雇佣沙特籍员工享受沙特国家人力资源发展基金的薪资补贴（男性员工补贴不超过月工资的 15%，女性员工不超过 20%，这也是沙特鼓励企业雇佣本地员工就业的措施之一）
2	用于项目的原材料和永久性设备可申请进口关税豁免，部分机械设备使用完再出口可申请退税
3	项目用地租金补贴

3. 可再生能源合作项目案例分析

自 2019 年起，沙特可再生能源发电行业开始步入快速发展阶段。目前沙特通过国家可再生能源项目发展办公室（REPDO）公开招标可再生能源项目，第 1～4 轮已经完成，第 5 轮正在进行资格预审，如表 2-15 所示。当前 NEOM 新城风光制氢项目和红海旅游开发项目配套可再生能源发电项目也正在执行中，但总体进度尚未达到 2023 年 27.3 GW 的目标。

表 2-15　沙特国家可再生能源计划 NREP 招标项目

轮次	项目	类别	规模
第 1 轮	Sakaka 太阳能发电项目	光伏	300 MW
第 2 轮	Madinah 太阳能发电项目	光伏	50 MW
	Rafha 太阳能发电项目	光伏	45 MW
	Qurayyat 太阳能发电项目	光伏	200 MW
	Al Faisaliah 太阳能发电项目	光伏	600 MW
	Rabigh 太阳能发电项目	光伏	300 MW
	Jeddah 太阳能发电项目	光伏	300 MW
	Mahd Al Dahab 太阳能发电项目	光伏	20 MW

轮次	项目	类别	规模
第 3 轮	Layla 太阳能发电项目（A 类）	光伏	80 MW
	Wadi Al Dawaser 太阳能发电项目（A 类）	光伏	120 MW
	Saad 太阳能发电项目（B 类）	光伏	300 MW
	AR Rass 太阳能发电项目（B 类）	光伏	700 MW
第 4 轮	Al Hanakia 太阳能发电项目	光伏	1 100 MW
	Tabarjal 太阳能发电项目	光伏	400 MW
	Yanbu 风力发电项目	风电	700 MW
	Al-Ghat 风力发电项目	风电	600 MW
	Waad Al Shamal 风力发电项目	风电	500 MW
第 5 轮	Al Sadawi 太阳能发电项目	光伏	2 000 W
	Al Masa 太阳能发电项目	光伏	100 MW
	Al Henakiyah 2 太阳能发电项目	光伏	400 MW
	Rabigh 2 太阳能发电项目	光伏	300 MW

沙特政府在实践过程中明确了以发展太阳能光伏、风能为主，包括生物质能在内的可再生能源发电计划；搭建了包括政策制定机构、市场监管机构、电力回购机构及项目参与机构等在内的可再生能源市场发展机制。但目前绝大多数项目还是以太阳能光伏发电项目为主，另有少量的风力发电项目。此外，沙特还在积极发展基于可再生能源的海水淡化和绿氢制取技术。受限于沙特全境没有河流，水电发展无从谈起。

中国企业在沙特参与可再生能源发电项目的方式以参与 EPC 和供应设备为主。近年来，也有直接由中国企业持有项目公司股份、中国金融机构参与融资架构的情况出现。

专栏 2-4　黄河公司参股沙特 AR Rass 700 MW 光伏发电项目

AR Rass 700 MW 光伏发电项目（图 2-10）是沙特国家可再生能源计划 NREP 第 3 轮招标的 B 类项目，通过 BOO 模式进行开发。2021 年该项目由以沙特国际电力和水务公司（ACWA POWER）和中国国家电力投资集团黄河上游水电开发有限责任公司（简称黄河公司）为主的投标联合体以最低电价斩获包括最大标段在内的两个标段，该投标联合体成为本次投标唯一同时斩获两个标段及最大装机规模的投标联合体。

AR Rass 700 MW 光伏发电项目于 2023 年开工建设并将分期开发，并将于 2024 年投入商业运营。该项目预计总投资规模约 17 亿沙特里亚尔，项目公司的股权结构为 ACWA POWER 持有 40.1%，黄河公司持有 39.9%，沙特主权财富基金旗下的 WEHC 持有剩余的 20%。项目装机容量 700 MW，沙特国家电力采购公司（SPPC）作为政府购电方与中标联合体签署包括 25 年政府购电协议在内的多项项目协议。中标电价为 0.056 2 沙特里亚尔/（kW·h）。

本项目采取的是中东金融市场常见的融资模式——资本金过桥贷款（Equity Bridge Loan，EBL），即股东按各自股比为资本金贷款提供担保。该模式既能延缓股东出资时间，提高项目资本金收益率；又能通过项目公司偿还贷款利息，及时盘活项目公司盈余现金流，实现股东收益最大化。早在 2021 年，黄河公司就开始与国内外各大金融机构频繁进行接洽商谈，历经不断探索，成功引入中国出口信用保险公司（以下简称中国信保）作为担保机构，并与国际知名银行共同搭建了融资团队和融资架构。在此期间，黄河公司创新性地首次尝试央企资本金出资形式由自有资金变成信用反担保，使贷款期限更加趋于合理，同时积极利用银行绿色融资产品，通过海外投资成功转嫁投资风险，形成融资、保函、保险多产品联动组合使用的融资方案。最终于 2022 年 11 月成功签署约 6 000 万美元资本金过桥贷款协议，完成该项目的融资关闭。

图 2-10　AR Rass 700 MW 光伏发电项目

图片来源：国际能源网。

专栏 2-5 晶科电力科技股份有限公司投资沙特 Saad 300 MW 光伏发电项目

Saad 300 MW 光伏发电项目（图 2-11）具体是由晶科电力（香港）有限公司、晶科电力达夫拉控股公司和晶科电力中东控股公司组成的联合体，以排名第一的投标电价（LCOE）中标该项目，正式签署购售电协议后即可获得该项目的投资运营权，项目通过 BOO 模式进行开发。上述三家公司为晶科电力科技股份有限公司的子公司。

项目目前处于建设阶段，项目建设期预计 24 个月，于 2024 年投入商业运营 COD，运营期预计 30 年。项目投资总额预计为 2.27 亿美元。晶科电力（香港）有限公司、晶科电力达夫拉控股公司和晶科电力中东控股公司分别持有该项目 33.33%的股份。项目装机容量为 300 MW，与沙特电力采购公司 SPPC 签署了为期 25 年的购电协议，项目电价为 0.055 6 沙特里亚尔/（kW·h）。

Saad 300 MW 光伏发电项目资本金占投资总额的比例约为 31%，通过资本金过桥贷款 EBL 的方式自筹；其余项目投资款由项目公司向沙特 3 家主要贷款金融机构组成的财团申请长期无追索项目融资方式解决，其中包括伊斯兰金融和结构性优先档贷款。上述融资需公司及合作方提供相应担保。

图 2-11 Saad 300 MW 光伏发电项目

图片来源：国际能源网。

五、国别分析

1. 合作政策建议

中国与沙特两国绿色经济合作处于机遇期。中国提出“一带一路”倡议后，沙特是最早响应、支持和参与共建“一带一路”的国家之一，两国各领域合作取得丰硕成果，具有较好的合作基础。沙特提出的“2030 愿景”“绿色沙特倡议”“绿色中东倡议”等一系列重大发展倡议与“一带一路”倡议高度契合、理念一致，战略对接成为两国开展绿色技术、贸易和投资合作并发挥协同效应的重要支撑。在应对气候变化的共同挑战下，中国和沙特作为全球重要的能源生产、消费国，两国绿色经济合作的不断深入必将在全球树立良好的范例。

一是以人才培养推动绿色技术合作。发挥中阿技术转移中心、中阿清洁能源培训中心的平台作用，以培养沙特当地人才为主推动技术对接和转移，对产业合作形成有力支撑，实现人才链、技术链和产业链的深度融合。同时，随着国际应对气候变化技术水平的不断提升，应积极推动两国在光伏、蓝氢、蓝氨和碳捕集、利用与封存等双方优势技术领域开展深入合作，建立人才双向培养机制，面向国际市场合力实现前沿绿色技术的示范推广和规模化商业应用。

二是以标准对接促进贸易往来。加强区域磋商和协调，在共建“一带一路”框架下，建立共建“一带一路”国家之间相互认可的、对接国际标准的产品认证制度，及时通报相关国家法律法规的最新进展，指导企业按照新法规的要求制定应对措施，降低绿色贸易壁垒。根据沙特法规的最新进展，及时跟进两国标准化技术合作，加强两国标准化领域的双边合作，保证进出口产品质量。

三是以绿色金融加大项目资金融通。绿色项目通常前期投资较大、回收周期较长，项目融资需求存在较大缺口。随着全球绿色金融合作的深入，PIF 公布了其绿色金融框架并积极推进绿色金融实践，但沙特监管部门尚未出台明确的绿色贷款指引和要求。中国和沙特应在明确绿色定义、构建绿色金融体系、制定绿色金融政策、加强绿色金融监管方面加强经验交流，积极与国际投融资机构和平台开展合作，共同满足两国绿色项目建设的融资需求，为双方可持续发展提供稳定的资金保障。

2. 企业合作建议

在全球气候治理压力不断增大的背景下，作为主要能源供应国家，沙特抓住绿色发展机遇，力求实现经济多元化转型，应对可持续发展挑战。沙特将加速发展新能源建设和绿色产业，传统油气产业将持续迈向由氢气生产技术及碳捕集、利用与封存技术等前沿技术主导的能源转型发展。在沙特政府改革和投资的推动下，旅游业、酒店业等非油气产业也有望实现进一步增长。目前，沙特大中型中国企业超过 160 家，集中在工程承包、贸易航运、通信服务、园区建设等领域。未来中国企业应加强与沙特在通信、能源、金融、医疗等方面的合作，为深化中国与沙特绿色合作贡献力量。

一是抓住绿色机遇，稳妥开展对沙特的业务。在共建"一带一路"倡议与"2030 愿景"对接实施方案的引领下，积极响应"绿色沙特倡议""绿色中东倡议"，通过专业咨询公司、商会平台或政府公共机构，了解沙特投资政策，关注行业和市场信息，在前期调研的基础上，围绕沙特民生需求、结合技术优势和当地资源优势，推动企业"抱团出海"，共同开拓沙特市场。出口企业应加强与国外客户的沟通，及时了解和掌握沙特最新进口要求，提前做好应对措施，最大限度减少沙特绿色贸易措施对出口造成的负面影响。

二是树立环保意识，坚持合法合规经营。沙特到 2060 年要实现净零碳排放，对环保更加严格，中国企业在沙特开展投资合作必须树立环保意识，密切关注沙特相关法规政策的动向，对项目运营过程中产生的废气、废水等进行科学评估，并在规划设计环节提前制定相应解决方案，优先使用环保材料、环保工艺，降低对环境造成的负面影响，践行绿色生产、绿色经营的理念，打造改善当地民生福祉的高品质合作项目。

此外，沙特在生态保护方面也设立了颇具雄心的目标，计划到 2030 年，将列入保护的陆地和海洋区域的比例由 2021 年的 16.9%提高到 30%。目前，沙特政府、私营部门和非政府组织共同执行了多项计划，旨在实现该目标。建议企业及时跟踪沙特生态保护区域变化及相关政策和行动计划，事先进行科学评估，提高项目建设运营水平，采取措施保护生态环境，避免相关风险。

三是明确风险挑战。沙特绿色发展投资由 PIF 主导，政府在项目合作中居于主导地位，潜在的政府干预加大了合作项目面临政策不确定性带来的系统性冲击。当前沙特产业结构相对单一，投资严重依赖油气产业收入，合作项目的可持续性在一定程度上受能源价格波动的影响。近年来，沙特政府十分重视产业本地化，推出“区域总部”计划、“沙特化”计划，沙特本地化和政府采购局还建立了一个专门框架体系，用来定义国民经济层面的本地化内容，衡量本地化内容的比重。

以“区域总部”计划为例，自2024年1月1日起，沙特政府机构和所拥有的基金将停止与未在其境内设立地区总部的外国企业和商业机构签订合同。沙特政府希望利用其市场潜力，“倒逼”跨国企业的地区总部从中东其他地方迁到沙特，加剧了企业在与中东地区国家合作时面临“选边站”的困境。中国企业应在投资前持审慎态度，关注并评估相关潜在风险，分析项目可行性，做好防范与应对工作，维护自身利益。

四是积极履行社会责任。主动将企业自身发展融入沙特“2030愿景”，构建企业社会责任管理体系，在防治沙漠化、提高植被覆盖率、海洋保护、绿色施工、能源节约等方面积极探索和创新；多渠道增进社会责任沟通和交流，推动与利益相关方的合作，塑造企业良好形象；定期发布企业履行社会责任报告，全面展示企业经济责任、环境责任、社会责任实践成果。

五是基于对商业模式的研究磨砺自身的差异化优势。新入局者需要在参与沙特第三方市场合作机遇的同时深入研究当地商业模式，并结合自身所具备的专利技术、资金渠道等方面的积累定位自身的差异化优势所在。以企业自身的差异化优势去积极铆合、锁定市场中转瞬即逝的机会。目前，新入局者在直接参与公开竞标方面存在较大的困难，但可以通过PIF非公开招标获取项目投资开发机会。必要时可以联系一批各有所长、各有侧重、互补性强的中外企业，结成合作伙伴去争取市场中的项目机会。

六是着重研究沙特的国家政策和发展规划方向。条件允许的情况下积极进行政府关系公关。新进入沙特市场的中国企业不能将目光局限于市场中那些人尽皆知、声名在外的大项目招标，这往往意味着竞争的空前激烈。新入局者比较可行的市场拓展逻辑在于通过对沙特的国家政策和发展规划方向进行细致入微的研究来赢得相对于其他市场参与者的信息差，依靠对于每点信息差的提前掌握和充分运用，才能以最快的速度扎根沙特市场，一味依靠资金实力或技术积累去硬碰硬的粗放做法容易事倍功半乃至入不敷出。

例如，屋顶式光伏发电项目、离网式光伏发电项目、与海水淡化等配套的可再生能源发电项目虽然规模较小，却具有开发的价值。又如，一些设备供应商如果希望通过沙特市场将业务从单纯的设备供应向项目投资建设的方向扩展，可以选择先与当地政府协商建设沙特生产基地，进行一定的技术转让和在地产能建设。一方面，这契合沙特的制造业本地化诉求，有利于在当地建立良好的政商关系；另一方面，具有本地生产制造能力也有利于在未来的项目竞标中为己方增加谈判的筹码。沙特是一个君主制国家，与当地政府（贵族）建立良好的关系十分必要。

Chapter 3 第三章

伊朗

“一带一路”环境政策法规蓝皮书（四）

本章由蔡晓薇、蓝庆新撰写。

一、国家概况

1. 社会经济发展总体情况

（1）整体概述

伊朗，全称伊朗伊斯兰共和国，位于亚洲西南部，与土库曼斯坦、阿塞拜疆、亚美尼亚、土耳其、伊拉克、巴基斯坦和阿富汗相邻，南濒波斯湾和阿曼湾，北隔里海与俄罗斯和哈萨克斯坦相望，首都为德黑兰。因地处西亚的心脏地带，伊朗素有“欧亚陆桥”和“东西方空中走廊”之称。伊朗总面积 164.5 万 km^2，海岸线长 2 700 km。截至 2022 年底，伊朗总人口数为 8 855.06 万人，劳动力人口占比为 32.55%，城镇人口数量占比为 77%，失业率为 11%。

（2）宏观经济

2008 年前，伊朗经济一直保持较快速度增长，然而自 2008 年世界经济危机，以及西方国家对伊朗石油禁运和金融制裁以来，伊朗国内 GDP 增速降低，对外贸易增长缓慢，外国投资大幅缩水，通胀率和失业率也处于较高水平。

2015 年 7 月 20 日，联合国安理会一致通过《伊核协议》。欧美等解除对伊朗相关经济制裁后，伊朗利用有限的《伊朗核问题协议》红利，在 2016 年、2017 年实现经济较快增长。但 2018 年 5 月美国单方面退出伊核协议并重新对伊朗实施制裁后，伊朗经济再次衰退，再加上新冠疫情影响，伊朗经济一度面临负增长。美国总统拜登上台后放松了对伊朗的制裁，再加上伊朗控制了新冠疫情，2020 年开始伊朗经济恢复正增长。据伊朗中央银行公布的数据，2022—2023 财年伊朗 GDP 约为 4 095 亿美元，GDP 增长率为 4%，按 GDP 的部门分类，农业、石油、工业和矿业，以及服务业的主要部门分别增长了 1.1%、10%、6.5%和 2.7%。在国际货币基金组织（IMF）基于购买力平价的国家 GDP 报告中，2022 年伊朗 GDP 按购买力平价计算排名世界第 22 位。

伊朗统计中心的数据显示，2022—2023 财年伊朗的平均通胀率为 45.8%。IMF 预计伊朗的通胀率将从 2022 年的 49%降至 2023 年的 42%，然后在 2024 年降至 30%。伊朗是世界上债务水平最低的国家之一。根据 IMF 的数据，2023 年伊朗的外债仅占其名义 GDP 的 3%，较 2022 年降低 2%。世界银行数据显示，伊朗政府通过制定“社会、经济发展五年计划”对国民经济的发展进行规划和调控。

根据伊朗政府公布的“第七个五年社会、经济发展计划”（2023 年 3 月至 2028 年 3 月），到计划结束时 GDP 增长 8%，年就业增长 3.9%（每年创造 100 万个就业岗位），五年平均年通货膨胀率为 19.7%（到计划结束时为 9.5%），石油出口增长 12.4%，非石油出口增长 22.6%。此外，为了使自身经济具有抗衡国际挑战、国际动荡、美国和其他国家颠覆政策的能力，伊朗最高领袖阿亚图拉·赛义德·阿里·哈梅内伊宣布了“抵抗型经济总政策”，以减少对石油的依赖，增加就业岗位。2023 年，为改善经济状况、缓解通胀压力，伊朗制订了“遏制通货膨胀和发展生产”计划，推动生产等领域转型，增加商品供给，提升就业水平。

2. 贸易与产业情况

（1）贸易投资

截至 2020 年，伊朗与 69 个国家签署了 138 项贸易和关税协定，其中只有 16 项在其 30 个最大贸易伙伴国家之列。2023 年，伊朗正式加入上海合作组织和金砖国家，与周边国家的合作联系进一步增强。2022—2023 财年（2022 年 3 月至 2023 年 3 月），伊朗的货物贸易量为 15 923 亿 t，价值 1 128.2 亿美元（不包括原油出口），与上一财年相比增加 113.8 亿美元。其中出口量（不含原油）达 1.225 6 亿 t，价值 531.6 亿美元，价值同比增长 10%；进口量达 3 718 万 t，价值 596.5 亿美元。

中国、伊拉克、土耳其、阿联酋和阿富汗是伊朗前五大出口目的地，中国、阿联酋、土耳其、德国和俄罗斯是伊朗前五大进口来源地。伊朗出口产品中近 50%为石化和石油产品，20%为矿产品，20%为农产品和食品，约 10%为工业产品、凝析油和手工业品。伊朗非原油出口产品主要有液化天然气、液化丙烷、甲醇、轻油、聚乙烯、液化丁烷、尿素、石油沥青、坚果、矿产、建筑材料、地毯、铁矿石、玻璃器皿和水果等；进口商品主要有工业机械和原材料、医疗设备、药品、纸张、木材、纺织品、汽车配件、大米、大豆、通信设备、肉类、香蕉等。

（2）产业现状

在产业方面，伊朗石化产业蓬勃发展，石化产业是伊朗经济支柱和外汇收入的主要来源之一。在 2018 年美国重启制裁之前，伊朗每天出口约 260 万桶原油，是石油输出国组织（OPEC）中的第二大出口国。制裁使伊朗的原油出口减少到每天约 20 万桶。截至 2022 年 6 月，伊朗日均出口原油超过 100 万桶。伊朗拥有全球已探明石油储量的 11.4%，达 1 578 亿桶，位居世界第四；探明天然气储量为 34 万亿 m^3，占全球储量的 18.2%，位居世界第一。同时，伊朗也拥有丰富的矿产资源，是全球十大矿产资源丰富国家之一，也是海湾和西亚地区的工业强国之一。

然而，伊朗采矿业面临缺乏机械设备，以及因美国制裁而无法获得外国投资等难题，主要依靠其国内资源发展采矿业。汽车工业是伊朗的第二大支柱产业。据国际汽车制造商组织数据，2022 年伊朗汽车产量为 106.4 万辆，较 2021 年增长了 19%，伊朗已成为全球第 16 大汽车制造商。伊朗也是传统的农牧业国家，农业约占其国内生产总值的 12%。据联合国粮食及农业组织数据，2022 年伊朗粮食产量达 1 950 万 t，同比增长 16%；小麦增产 25%，达到 1 300 万 t；谷物进口量为 1 850 万 t，同比减少了 15%。同时，有着近 5 000 年文明史的伊朗，境内历史遗迹众多，旅游资源丰富。截至 2019 年，伊朗共有世界自然遗产和世界文化遗产 24 项，包括 2 项自然遗产、22 项文化遗产，位居世界第十。2019 年，伊朗旅游业收入为 110 亿美元，670 万外国游客持签证入境。然而，由于新冠疫情影响，伊朗旅游业损失巨大，随着伊朗新冠疫情形势好转、相关管控措施的解除，旅游业呈明显复苏态势。

3. 生态环境状况

（1）空气污染

伊朗许多城市的空气污染物浓度超标，特别是 PM、SO_2、黑碳、O_3 等。尽管伊朗已经制定了相关法规和政策，但实施和执行力度不尽如人意。以伊朗首都德黑兰为例，2010—2016 年其 PM_{10} 浓度由 94 μg/m^3 下降至 72 μg/m^3，但仍高于世界卫生组织的标准；$PM_{2.5}$ 浓度由 2011 年的 37 μg/m^3 下降至 2019 年的 29 μg/m^3。2020 年受新冠疫情影响，全球多地污染物浓度均下降，但德黑兰的 $PM_{2.5}$ 浓度上升至 31 μg/m^3，可能的原因是更多的人选择私家车出行，也侧面反映了交通部门对伊朗空气污染物排放的影响。耶鲁大学环境绩效指数（EPI）排名中，伊朗的 $PM_{2.5}$ 指数在全球 180 个国家和地区中居第 139 位。

（2）水污染

过去 50 年，伊朗面临严重且长期的干旱，威胁各经济部门的水资源供应。为实现小麦等农作物生产自给自足的目标，伊朗实行大规模农业灌溉计划，但过度开采地表水和地下水资源以增加耕地面积，对伊朗水资源的可持续性产生了较为严重的影响。另外，伊朗的水资源因废水和固体废物管理不善而受到污染，工业设施中近 2/3 的废水未经任何处理就进入地表水和地下水环境。此外，废水网络的缺乏和水资源过度消耗污染了可用的淡水资源并限制了其开发利用。

（3）气候变化

伊朗的能源结构长期以化石能源为主，近年来能源相关的 CO_2 排放持续增长，2012—2022 年年均增速约 2.5%，2022 年的排放量接近 6.7 亿 t，与德国相当，在全球能源相关的 CO_2 排放总量中占比接近 2%。

（4）总体评价

EPI 给出了伊朗在空气质量、饮用水质量、废弃物管理、气候变化、废水处理等方面的得分与世界排名，如表 3-1 所示，其中沙特的空气质量及气候变化、废水处理等细分项在 180 个国家和地区中排名接近倒数。

表 3-1 伊朗环境绩效指数得分与世界排名

项目	EPI 得分/100	排名/180
空气质量	41.6	70
$PM_{2.5}$ 浓度	17.20	139
O_3	31.6	145
SO_2	7.4	169
CO	6.9	169
环境卫生与饮用水	53.7	70
环境卫生	60.9	64
饮用水	48.8	72
废弃物管理	28.7	97
固体废物	39.2	89
回收	16.8	86
海洋塑料	19.4	109
气候变化	24	159
CO_2 增长率	28.2	112
CH_4 增长率	20.3	154
黑碳增长率	100	1
温室气体排放	0	171
废水处理	26.9	164
重金属	26.9	164

4. 能源结构与发展趋势

2012—2018 年，伊朗全国一次能源生产量较快增长，年均增速达 4.9%。2018 年，美国退出《伊核协议》，重新对伊朗实施严厉的经济制裁，伊朗石油产量大幅下滑，导致 2018 年伊朗一次能源生产量（图 3-1）下跌。随后，新冠疫情导致经济增长放缓，2019—2021 年，伊朗一次能源生产量年均增速回落至 2.4%。

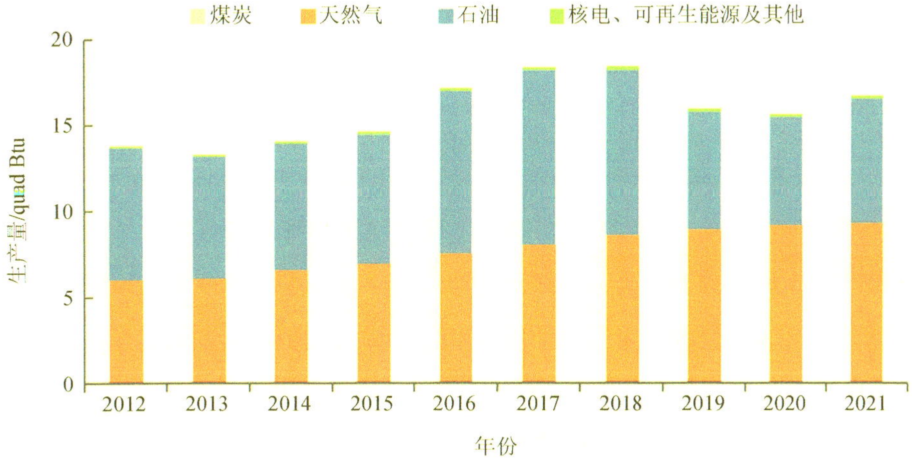

图 3-1 2012—2021 年伊朗一次能源生产量

资料来源：EIA。

伊朗的能源生产以化石能源为主，石油和天然气在全国一次能源生产量中的比重达 98%以上。2012—2018 年，石油在伊朗能源生产总量中的占比超过一半，2019 年起，天然气超过石油，成为伊朗中产量最大的一次能源品种。

2012—2021 年，伊朗的一次能源消费量持续增长，年均增速为 2.5%。伊朗的能源消费结构以化石能源为主，非化石能源（核电、可再生能源及其他）在能源消费结构中的占比不足 2%，如表 3-2 所示。

表 3-2 2012—2021 年伊朗一次能源消费结构 单位：%

项目	2012 年	2013 年	2014 年	2015 年	2016 年	2017 年	2018 年	2019 年	2020 年	2021 年
煤炭	0.3	0.3	0.3	0.3	0.4	0.4	0.4	0.4	0.4	0.3
天然气	60.2	59.9	62.1	65.1	68.1	67.8	68.1	68.9	71.1	71.9
石油	38.1	37.9	35.9	33.0	29.6	30.1	29.8	29.0	26.9	26.4
核电、可再生能源及其他	1.4	1.8	1.6	1.5	1.9	1.7	1.8	1.7	1.7	1.4

资料来源：EIA。

截至2022年底，伊朗电力装机容量为94 GW，其中燃气发电最多，装机容量接近70 GW，占比为73.7%。燃油、核电、水电、风电、太阳能发电在全部装机容量中的比重分别为12.05%、1.09%、12.25%、0.58%和0.36%。燃气发电在伊朗发电总量中占主导地位。2022年，伊朗总发电量为3 481.3亿kW·h，燃气发电、燃油、核电、水电、风电、太阳能发电在发电总量中的比重分别为86.23%、8.95%、1.89%、2.14%、0.36%和0.21%。

二、环境政策法规与标准

1. 环境政策法规

《伊朗环境保护法》共21条，规定了环境保护和管理的规则和措施。伊朗环境部和环境保护高级委员会必须采取适当措施，以维护生态平衡，预防和控制被认为对环境有害的废弃物和噪声污染，建立野生动物和海洋资源的监督监测制度，开展旨在保护和改善环境的科学研究，对污染源采取有效措施，防止大气、水、土壤污染，并安排公共培训课程，提高公众对环境保护的认识。

《伊朗清洁空气法》共34条，旨在防治国家空气和噪声污染，主要内容包括：①伊朗环境部是《伊朗清洁空气法》规定的实施机关，在紧急情况下应考虑采取临时限制措施，以应对空气污染并防止其有害影响。②各类机动车的生产、进口应当符合《伊朗清洁空气法》规定的排放限值。为了控制空气和噪声污染，全国所有车辆都必须进行年度技术检查。③新建工厂或者改变现有工厂的地点，应当遵守《伊朗清洁空气法》的规定：所有新建工业和制造业工厂必须将至少10%的面积用于绿地。④伊朗石油部按照国家标准生产燃料。伊朗能源部必须开发、生产和供应可再生能源，全国每年新增的电力需求至少有30%可以通过可再生能源满足。⑤《伊朗清洁空气法》禁止在公共区域和露天场所堆积或焚烧医院垃圾、工业垃圾、家庭垃圾和建筑垃圾。

《伊朗土壤保护法》共26条，明确了土壤污染、退化和侵蚀的预防和控制，规定了按照可持续土壤开发的技术标准进行土地利用。该法规定，除其他职责外，伊朗农业部负责土壤保护工作，建立国家土壤数据库，对土壤进行定量和定性监测，优先考虑需要保护土壤肥力和富集的农田和花园，并进行化肥和农药的进口、生产、销售、消费监管以及土壤评估。伊朗农业部有义务与环境保护组织合作制定土壤管理、保护和可持续利用政策并提交政府批准，如表 3-3 所示。

表 3-3 伊朗清洁能源领域相关法律条例

领域名称	伊朗
二手物资回收利用	《伊朗废物管理法》 《伊朗环境保护法》 《可持续发展战略》 《废弃物管理条例》 《伊朗废物处理和利用法》 《伊朗商业法》
风电	《可再生能源促进法》 《风能发电设施建设标准》 《可再生能源发电规定》 《伊朗能源机构法》
太阳能	《伊朗可再生能源法》 《伊朗太阳能发电政策》 《伊朗太阳能标准和规范》 《伊朗太阳能采购政策》
新能源汽车	《伊朗能源政策 2025》 《伊朗交通规划与发展战略》 《伊朗汽车工业发展计划》 《伊朗环境保护法》 《伊朗标准与质量控制法》 《国家清洁能源计划》 《伊朗汽车产业发展战略规划 2025 年》
生物质能产业	《生物质能产业促进法案》
传统能源清洁高效利用产业	《伊朗能源战略 2025》 《伊朗环境保护法》 《伊朗清洁能源法》 《伊朗能源效率法》

2. 环境标准和主要内容

伊朗的环境保护管理标准由伊朗环境部制定和执行。以下是一些与环境保护管理相关的标准和法规。

（1）环境影响评价

伊朗要求在重要工程和发展项目中进行环境影响评价。环境影响评价的目的是评估项目对环境的潜在影响，并提出相应的环境保护和缓解措施。伊朗环境保护组织负责监督和审查环境影响评价报告。

（2）空气质量标准

伊朗设立了空气质量标准，以监测和控制大气污染物的排放和浓度，如表 3-4 所示。这些标准包括对各种污染物（如 PM、SO_2、NO_x、VOCs 等）的限制和监测要求。

表 3-4　伊朗空气质量标准

污染物名称	相关标准
颗粒物（PM）	PM_{10}（直径≤10 μm 的颗粒物）：日均值不超过 150 μg/m^3 $PM_{2.5}$（直径≤2.5 μm 的颗粒物）：日均值不超过 75 μg/m^3
二氧化硫（SO_2）	日均值不超过 80 μg/m^3
一氧化碳（CO）	8 h 平均值不超过 10 μg/m^3
臭氧（O_3）	8 h 平均值不超过 100 μg/m^3
二氧化氮（NO_2）	年均值不超过 40 μg/m^3
铅（Pb）	年均值不超过 0.5 μg/m^3

（3）水质标准

伊朗制定了水质标准，以保护水资源的质量和可持续利用，如表 3-5 所示。这些标准包括对饮用水、地下水、河流和湖泊水域的质量要求，以及废水排放的限制和处理要求，如表 3-6 所示。

表 3-5　伊朗水质标准

参数名称	相关标准
pH	一般要求在 6.5～8.5
浑浊度	不超过 5 NTU（浊度单位）
氯化物	不超过 250 mg/L
总硬度	不超过 500 mg/L
铁	不超过 0.3 mg/L
锰	不超过 0.1 mg/L
氟化物	不超过 1.5 mg/L
氨氮	不超过 0.5 mg/L
氰化物	不超过 0.05 mg/L
重金属（如铅、镉、汞）	按照国际标准和相关法规限制

表 3-6 伊朗污水排放标准

参数名称	相关标准
生化需氧量（BOD_5）	一般要求不超过 30 mg/L
化学需氧量（COD）	一般要求不超过 100 mg/L
悬浮物	一般要求不超过 100 mg/L
氨氮	一般要求不超过 20 mg/L

（4）废弃物管理标准

伊朗设立了废弃物管理标准，以规范废弃物的处理和处置。这些标准包括废弃物分类、储存、运输和处理的要求，以及危险废物的管理措施。

（5）自然保护区管理

伊朗拥有许多自然保护区，用于保护珍稀物种和生态系统。伊朗环境保护组织负责管理和保护这些自然保护区，并制定相应的管理规定和措施。

3. 环境管理机构

伊朗的环境管理部门是伊朗环境部。它是伊朗政府的主要环境机构，负责制定和实施环境政策、监测和控制污染、保护自然资源和野生动植物。伊朗环境保护组织还与其他政府机构、非政府组织和国际合作伙伴合作，推动环境保护和可持续发展。

4. 参与多边环境公约情况

伊朗签署的国际多边环境公约包括《生物多样性公约》《联合国气候变化框架公约》《联合国防治荒漠化公约》《濒危野生动植物种国际贸易公约》《控制危险废料越境转移及其处置巴塞尔公约》《防止倾倒废物及其他物质污染海洋的公约》《关于消耗臭氧层物质的蒙特利尔议定书》《关于特别是作为水禽栖息地的国际重要湿地公约》等。

三、绿色技术与贸易投资情况

1. 绿色技术

（1）国别绿色技术总体情况

伊朗最高领袖哈梅内伊曾在 2015 年宣布，要改善各经济和社会部门的生产格局，优化水、资源、粮食、材料和能源的消费结构，推广对环境无害的燃料，促进工业低碳化，使用清洁能源、健康和有机农产品以及进行废弃物和废水管理，发展绿色公共交通，建立一个绿色经济的国家。

1）水资源管理

科技发展一直是伊朗国家政策文件中的重点，伊朗政府也为科技政策实施建立了各种机构，这是其在绿色技术等方面取得进展的关键。由于伊朗大部分地区属于干旱地区，水资源管理和节水技术对伊朗的可持续发展至关重要。伊朗政府采取了多项措施应对水资源挑战，其中推广海水淡化技术是伊朗一项重要的举措。伊朗正在实施名为“希望输水线”的全国性海水淡化和输水项目，旨在建立连接伊朗南部沿海、中部地区和里海北部海岸的输水走廊，以满足农业和工业用水需求，并向缺水严重的村庄和社区提供饮用水，如图 3-2 所示。此外，伊朗还推行农业节水政策，重点推广新型灌溉技术，如滴灌技术，以提高农业灌溉效率。

图 3-2 伊朗“希望输水线”

图片来源：Caspian News。

2）节能建材

伊朗研究人员 2014 年在伊斯法罕理工大学等地结合生物复合材料和纳米技术，利用开心果壳创造了一种新型纳米复合材料。这种材料具有高拉伸强度和耐潮湿、防褪色及抗真菌与昆虫的特性，在建筑行业具有潜在的应用价值。在能源领域，伊朗能源部要求提高燃气电站能效，新建燃气电站必须是联合循环电站。伊朗计划到 2025 年将发电厂的能效从目前的 33%提高至 45%。在核技术领域，伊朗计划通过发展核能发电来满足不断增长的能源需求。伊朗拥有丰富的天然气和石油资源，但为了减少对化石燃料的依赖，伊朗积极发展核能技术，并计划到2025年通过核能技术，把发电量提升到23 000 MW·h，以满足其国内不断增长的电力需求。然而，伊朗的核计划引发了国际社会的担忧，国际社会进而对伊朗的核活动进行了限制。

（2）中国与伊朗技术合作分析

中国与伊朗在绿色技术方面已经展开多方位、多领域的合作，包括水土保持、沙漠化防治、水流域管理、绿化创建、大城市空气污染治理和交通拥堵改善等。这些合作有助于为伊朗实现绿色转型和社会经济可持续发展提供支持。

1）生态环境改善

伊朗长期面临水资源匮乏和水环境污染等问题，这阻碍了其可持续发展进程。而中国在流域管理、沙漠化防治等方面具有一定的技术优势。中国科学院-发展中国家科学院水与环境卓越中心（CEWE）积极推动中伊双方在水与环境领域的合作，与伊朗德黑兰大学和桂兰大学签署了合作备忘录，为双方的科研项目合作、技术交流和人才培训提供了平台。中国科学院生态环境研究中心和伊朗德黑兰大学农业与自然资源学院于2017年4月签署了合作备忘录。根据该合作备忘录，双方将共建中—伊水与环境联合研究中心，并在该中心开展人才培养、技术培训、合作研究和示范工程建设等方面的互利合作，为相关技术和产业在伊朗市场的拓展提供支持。

2）农业技术提升

此外，中国还在农业领域为伊朗提供了技术支持。中国的高科技农业经验在提高农产品产量、改善灌溉系统和推动农业可持续发展方面发挥着重要作用。根据2023年发表的《中华人民共和国和伊朗伊斯兰共和国联合声明》，双方同意落实两国农业合作行动计划（2023—2030年），中国愿意帮助伊朗提升粮食安全和综合农业生产力，共建现代化农业联合实验室，开展农业技术合作示范项目。

在其他领域，中伊双方也签署了一系列文件，促进两国技术交流。2022年初，中伊双方共同宣布启动落实两国的“25年全面合作协议”，并加强在能源、基础设施、产能、科技、医疗卫生等领域的合作，拓展农渔业等方面的合作。双方通过一系列合作论坛，在汽车制造、节能环保、绿色交通和智慧城市建设等领域进行了深入交流。

（3）绿色技术发展规定

伊朗政府目前没有明确的绿色技术发展政策。然而，在不同领域的发展计划中，伊朗政府强调了一些具体的目标和措施，以促进绿色技术的应用和可持续发展。在农业部门的新发展计划中，伊朗政府提出了一系列措施来改善种植方法、改良种子和生产，以提高农产品的质量和数量。该计划还强调保护水资源，并计划建立国家一级的综合水资源管理系统，旨在提高 5%的农业用水效率。

伊朗政府计划寻找替代水源，并推行产业和废水循环系统，以促进可持续农业的发展。在采矿业发展规划中，伊朗政府提出推进重型机械现代化、采用采矿勘探新技术的措施，以创造更大的附加值并平衡生产链。此外，根据 2011 年通过的《国家科学与教育总体规划》，伊朗政府强调未来 20 年将通过支持科研工作和知识型企业来提高国家科技创新能力、加快科学发展速度，以及提升科技成果的世界排名。该计划提出了一系列具体措施，包括增加对科技类经营人才和创新型人才的物质支持，提高他们的社会地位，以消除科技创新中的障碍，并加快科研成果的商业化进程。

伊朗政府还致力于推动技术的“走出去”和“引进来”，力争重新加入全球化进程，吸纳其他国家的相关经验，助力其国内科技产品的更新换代。此外，伊朗政府还计划对一些传统商业项目进行科技改造，提高其技术含量。

专栏 3-1　中方支持伊朗建设农场畜禽高浓度污水处理示范工程

2017 年，中国科学院-发展中国家科学院水与环境卓越中心（CEWE）、北京京润环保科技有限公司及 UTCAN 签署三方协议，农场畜禽高浓度污水处理示范工程由北京京润承担建设，CEWE 提供技术支持。

通过多次实地调研，最终确定以生物处理技术为主要处理工艺，处理设备的设计污水处理量为 30 m^3。农场具有独立的井水水源，设有水塔和储水池，安装有 5 台抽水泵抽取地下水，水质较清澈。另外，在拟建污水处理设施旁的隔离栅栏外，农场方面新建了养鱼池以接收处理设施的出水。该养鱼池安装有曝气泵，多余水量用于周边农地（油菜和小麦）的灌溉，从而实现井水—畜禽养殖用水—养鱼用水—农田灌溉用水的水资源循环利用，促进节水型养殖业和农业的结合。

2. 绿色贸易

（1）伊朗贸易总体情况

伊朗《德黑兰时报》认为，尽管受到美国非法单边制裁的外部压力，但伊朗政府积极采取应对措施，不断拓展国际合作空间，使本国经济形势好于预期。据伊朗工业、矿业和贸易部统计，2022—2023 财年，伊朗的非石油贸易达到 1.59 亿 t，价值 1 128.21 亿美元，同比增长 11.2%。其中，伊朗出口了 1.220 56 亿 t 非石油商品，价值 531.66 亿美元，非石油出口价值增长了 10%。伊朗商品前五大出口目的地包括中国、伊拉克、土耳其、阿联酋和印度，出口额分别为 145.84 亿美元、102.38 亿美元、74.59 亿美元、57.67 亿美元、21.46 亿美元。2022—2023 财年伊朗进口了 3 718 万 t 非石油商品，价值 596.55 亿美元，重量同比下降了 10%，价值同比增长了 13%。伊朗商品前五大来源国包括阿联酋、中国、土耳其、印度和德国。阿联酋向伊朗出口额为 183.95 亿美元，中国向伊朗出口额为 157.44 亿美元，土耳其向伊朗出口额为 69.9 亿美元，印度向伊朗出口额为 20.19 亿美元，德国向伊朗出口额为 20.19 亿美元。

1）国际组织贸易量统计

2022—2023 财年，伊朗与经济合作与发展组织成员国之间的贸易额达到 2 947 万 t，价值 197.3 亿美元，按重量计算同比下降 4.51%，但是按价值计算同比增长了 17.55%。伊朗对经济合作与发展组织成员国的出口量达到 2 477 万 t，价值 124.2 亿美元，按重量计算同比下降 6.23%，但按价值计算同比增长 14.5%。2022—2023 财年，伊朗对金砖国家的出口量达到 3 873 万 t，价值 178.5 亿美元，而进口量达到 926 万 t，价值 205.8 亿美元。根据伊朗海关总署发布的最新数据，2022—2023 财年伊朗与金砖国家的贸易量达到 4 799 万 t，价值 384.3 亿美元，贸易量和价值分别增长 0.81%和 14%。上述数据不包括原油出口。欧盟统计局的数据显示，2022 年伊朗向欧盟出口了价值 10.55 亿欧元的商品，而 2021 年这一数字为 9.22 亿欧元。欧盟对伊朗的出口也从 39.31 亿欧元增长到 41.83 亿欧元，增长了 7%。

2）出口现状

伊朗出口产品中近 50%为石化和石油产品，20%为矿产品，20%为农产品和食品，约 10%为工业产品、凝析油和手工业品。伊朗非原油出口产品主要有液化天然气、液化丙烷、甲醇、轻油、聚乙烯、液化丁烷、尿素、石油沥青、坚果、矿产、建筑材料、地毯、铁矿石、玻璃器皿和水果等，进口商品主要有工业机械和原材料、医疗设备、药品、纸张、木材、纺织品、汽车配件、大米、大豆、通信设备、肉类、香蕉等。

（2）对中国贸易分析

有学者研究认为，中伊丝绸贸易最早或可追溯至公元前 10 世纪。伊朗和中国通过古丝绸之路创造了辉煌的历史，加强了相互之间的联系。如今，双方发挥经贸互补优势，中国已连续 10 年保持伊朗最大贸易伙伴国地位。尽管伊朗受到美国的严厉制裁，但中国与伊朗仍保持牢固的贸易关系。

1）中伊贸易

中国是伊朗第一大贸易伙伴、最大出口目的国和第二大进口来源地，以及重要的外资来源地，而伊朗是中国海外工程承包、成套设备和技术出口最主要的市场之一，也是中国重要的投资目的地与原油进口来源地。由于中国从伊朗进口的原油大幅增加，2000—2008 年中伊贸易总额不到 10 年时间增长近 10 倍。2012 年后，由于美欧对伊朗实施制裁、国际大宗商品价格波动、伊朗国内落实“抵抗型经济政策”等原因，中伊贸易额在较高水平发生波动。而后受新冠疫情影响，贸易总额有所下降。2022 年以来，中伊双边贸易额企稳回升。根据中国海关总署公布的数据，2022 年伊朗和中国的商品贸易额为 157.95 亿美元，比 2021 年增加 10.35 亿美元，其中，伊朗对中国的出口总额为 63.5 亿美元，同比下降 2.3%，而伊朗从中国进口了价值 94.4 亿美元的商品，同比增长 14.3%。

2）贸易差额

近年来，中国和伊朗的贸易差额处于波动态势。2017 年中国与伊朗的贸易差额跌至 2 001 万美元后，2018 年和 2019 年中国对伊朗贸易差额处于贸易逆差状态，2020 年重回贸易顺差状态后较为平稳，2022 年中国对伊朗的贸易差额约为 30.9 亿美元。在产品类别方面，近年来伊朗向中国出口的主要商品包括原油、乙烯、甲醇、硫、苯乙烯、铁矿石、铜矿石、纯铜、铬铁矿、大理石和石灰石；伊朗从中国进口的主要商品包括机械器具零件、轮胎、钢铁制品、计算机部件、电机和电气设备、化工染料、玻璃及其制品等，其中机电产品出口稳定，占比近四成。中国和伊朗签署了政府间《关于动物卫生及动物检疫的合作协定》及中伊农业部《关于加强渔业合作的谅解备忘录》等文件，这有助于拓宽双边经贸合作的范畴。

（3）二手物资回收利用

1）废弃物回收情况

目前，伊朗面临的最重要的环境问题之一是废弃物管理不善，这个问题每年为伊朗造成约 448 万亿伊朗里亚尔（约合 8.96 亿美元）的经济损失。根据世界人口评论的数据，2021 年伊朗在废弃物产生量方面位居世界第 17 位。据美国能源部统计，伊朗每年产生超过 6 100 万 t 的废弃物，仅有 10%～17%的废物被回收利用。而在发达国家，这一数字高达 70%。伊朗城市地区每天产生约 45 000 t 废物，农村地区约 10 000 t，城市人均废弃物产生量为每天 760 g，农村为每天 485 g。其中，大约 65%的废弃物为湿垃圾，35%为干垃圾。只有 25%的废弃物经过处理，其余 75%未经处理就直接被埋藏，而且只有 10%的废弃物在产生源头就被分离。仅在德黑兰，人均废弃物产生量估计为每天 750～800 g，每个德黑兰公民每年产生 270～450 kg 废弃物。这些废弃物只有 7%在源头被分离，13%被回收利用，只有 2.5%最终进入正式或卫生垃圾填埋场，大约 77.5%的废弃物将被焚烧或掩埋在位于农村或城市附近沙漠的非正式垃圾填埋场。

2）日常二手物资

美国退出《伊核协议》并重新对伊朗实施制裁，导致伊朗里亚尔的价值大幅下跌，物价飞涨，进一步加剧了通货膨胀。伊朗的经济危机对普通民众的生活产生了深远的影响，民众购买力下降，使越来越多的人转向二手市场以应对生活成本的上升，特别是在家具、家电和其他耐用消费品方面。二手物资与全新产品之间的价格差异巨大，由于新品价格不断上涨，二手商品成为许多家庭的实惠选择。例如，一个人将二手冰箱卖给转售商的价格可能不超过 90 美元，但其从零售商那里购买一台新冰箱的价格可能需要超过 4 000 美元。另外，由于其国内生产受到制裁的限制和进口商品的供应减少，这也进一步推动了二手市场的繁荣。先前，大多数转售店只提供二手家具，而现在他们还销售二手鞋子、床上用品、家电、相框、电子产品和衣物。伊朗领先的在线分类广告和社区网站 Divar 和 Shaypoor 现在也包括了二手货品。

3）二手飞机

伊朗因长期受到国际制裁，其民用航空领域经常面临飞机零部件和设备短缺的问题，因此常常会寻求与外国公司合作以获取所需的航空器材。2019 年，伊朗航空公司由于美国制裁而无法继续进口新飞机，同时与波音和空客的合同被暂停，与 ATR 的协议也陷入不确定状态，导致伊朗更新机队管理计划陷入困境。伊朗不得不通过中间商购买二手飞机，尝试在有限的财政预算和复杂的国际政治环境中维持其航空运营。2022 年 3 月，伊朗民航组织（CAO）负责人穆罕默德・穆罕默德・巴赫什表示，伊朗在过去 3 个月中进口了 10 架平均机龄在 15～20 年的客机。CAO 正在与欧洲公司进行谈判，以获取伊朗航空公司所需的设备和零件。

4）二手汽车

①伊朗汽车规模及受欢迎车型

汽车工业在伊朗国民经济中占重要地位，不仅是就业和制造业产值的重要来源，还对国家的工业发展和技术进步起到关键作用。尽管面临国际制裁和内部经济挑战的影响，伊朗仍是世界第二十大汽车制造商，也是亚洲最大的汽车制造商之一。2023 年 9 月，伊朗工矿贸易部副部长兼汽车进口项目负责人扎格米宣布，该部门当前的首要任务是进口价格为 1 万欧元的经济型汽车，以调整汽车市场的价格结构，下一步工矿贸易部将致力于进口电动汽车、混合动力汽车及符合相关标准的二手车。伊朗汽车市场规模到 2023 年为 346.4 亿美元，预计到 2028 年将达到 547 亿美元，在预测期间（2023—2028 年）以 9.57%的复合年增长率增长。伊朗的年产量超过 160 万辆。目前，伊朗制造商生产 6 种不同类型的车辆：乘用车、四轮驱动车、卡车、公共汽车、小巴和皮卡。乘用车约占本地产量的 75%，皮卡约占 15%。[①]

汽车在伊朗人的生活中占非常重要的地位，伊朗绝大部分家庭都拥有汽车，甚至拥有不止一辆汽车。在伊朗，由于货币持续贬值和高通胀率，汽车超越了其作为交通工具的功能，成为一种重要的金融资产。这种现象的背后有两个主要原因：需求的持续旺盛，以及货币贬值所带来的额外需求。受美国制裁的影响，伊朗里亚尔兑美元汇率急剧下滑。数据显示，在 2005 年内贾德执政初期，美元兑

① https://www.mordorintelligence.com/zh-CN/industry-reports/analysis-of-automobile-industry-in-iran.

换伊朗里亚尔的汇率为 1 万，到了 2013 年这一汇率达到了 3 万。1971—2020 年，该国货币已贬值到 1/3 500 倍。截至 2023 年，汇率已达到 1 美元兑 50 万伊朗里亚尔，这意味着伊朗里亚尔的价值仅为 5 年前的 1/12。在这样一个货币价值动荡的时代，加之伊朗石油价格极低，汽车市场的需求巨大且持续扩大。另外，伊朗汽车市场的供给严重不足。伊朗的市场主要由本国品牌 IKCO 和 SAIPA 控制，这两大品牌的年产量在 2022 年合计为 134.8 万辆。伊朗政府为了保护其国内企业，2017 年甚至完全禁止了整车进口，直到 2022 年受新冠疫情影响重新开放，但进口汽车的限制依然严格，如只允许进口价值不超过 2 万欧元的汽车，优先考虑价值不超过 1 万欧元的车型，并且自贸区进口仅限于混合动力或电动车。这一系列措施导致伊朗汽车市场存在显著供需缺口。

伊朗的汽车市场需求受到多种因素的影响，包括经济状况、国内政策和消费者偏好等。在伊朗，经济型轿车以其亲民的价格和较低的维护成本赢得了市场的青睐，成为市场需求量最大的车型。伊朗国产汽车品牌生产的萨姆德（Samand）和佩罗德（Peykan）车系，历史上一度占据了市场的大部分份额。尽管佩罗德车系已经停产，但在二手车市场中仍然有着不容忽视的需求。多功能车（MPV）和运动型多功能车（SUV）在伊朗也有显著的需求，特别是在中产阶级家庭中。例如，伊朗 IKCO 公司的 Samand 和 Soren 旨在提供更多的空间和更高性能。另外，SUV 如 Dena 等车型由于其适应性强的特点，在城市以外地区尤其受欢迎。虽然这些车型的总体需求量可能不及经济型轿车，但在其各自的市场细分领域内，仍维持着稳定的市场份额。此外，随着全球对可持续交通解决方案的关注不断增加，以及伊朗政府推动环保政策，电动汽车（EV）和混合动力汽车（HEV）开始悄然进入伊朗市场。目前，这些环保车型的市场需求量还相对较小，但随着民众环保意识的提高和基础设施的不断改善，预计这一市场细分的需求将会逐渐增长。

伊朗本土有两大车企，分别是 IKCO 和 SAIPA，占伊朗总产量 90%以上，且均属伊朗革命卫队产业。虽然享受多年的政策倾斜、资金倾斜，但是在质量、售价上，长期受伊朗民众诟病。伊朗车企新车实行预售、摇号，但是中签民众长期提不到车辆，进一步加深了抱怨。2023 年 6 月，伊朗汽车市场连续 5 个月下滑，新注册量为 88 216 辆（–3.7%）。上半年销量为 505 240 辆，较上年增长 4.3%。该市场由 3 个主要品牌主导：排名第一的是 SAIPA，上半年累计销量为 222 424 辆（12.1%），市场份额为 44.0%；其次是标致，截至 6 月销量为 157 835 辆（−15.7%），市场份额 31.2%；当地制造商伊朗 Khodro 排名第三，市场份额为 20.1%，新车注册量为 101 673 辆（14.4%）。疫情并没有影响伊朗的汽车销量，相反，2020 年轻型车销量猛增 14.1%，达到 905 643 辆。2021 年新车注册量保持相对平稳，但 2022 年市场再增长 15.2%，最终突破 100 万辆大关。根据国际汽车制造商协会的统计，2017 年，伊朗生产了超过 150 万辆汽车，是世界上第 12 大汽车生产国。伊朗汽车行业的从业人员超过 70 万人，涵盖 60 多个相关行业，仅次于能源部门。在伊朗工业体系中汽车工业占非常重要的地位。

②二手汽车领域政策支持与需求

伊朗不是世界贸易组织成员。为保护其民族汽车工业，多年来伊朗政府一直采取高关税的措施限制进口汽车。为恢复汽车工业的发展，伊朗于 1993 年出台了《五年国家汽车法案》，将进口汽车关税提高到 300%，鼓励本国汽车制造厂在恢复组装和扩大生产的同时，积极引进适合伊朗需要的外国车。1995—2000 年，伊朗汽车工业增长率高达 27.2%，2000 年伊朗汽车产量近 30 万辆，在消化进口汽车技术和汽车设计方面有了较大的进步。为参加世界贸易组织，2021 年伊朗将汽车进口关税降到 100%。2021 年又将关税下降了 10%，而零部件进口关税只有 30%。2021 年度，伊朗进口汽车 12 000 多辆，2021 年度进口汽车 30 000 多辆，较 2021 年度增长 150%，2021 年度进口汽车近 36 000 辆，2021 年度前 9 个月进口汽车 44 200 辆，总金额 8.271 5 亿美元，价值和数量分别比上年同期增长 49.3%和 62.7%。

伊朗于 2019 年 3 月发布了一项法律，禁止进口汽车及其配件。2020 年，伊朗政府放宽了对汽车的规定，开始准许其他国家的二手车出口到伊朗，并规定：两年以内的二手车，私人民众最多可以进口 5 辆，每位进口商一年最多进口 7 辆；对于两年以上的二手车，必须由商家进口，而且必须在每年 11 月前运到伊朗。由于受到国际因素影响，供需之间的差距很大。当前，伊朗市场上“标致 206”最便宜的版本售价为 52 亿伊朗里亚尔（约合 10 800 美元），较 2018 年 5 月制裁刚开始时高出了 15 倍，比伊朗工人的平均年工资高了 5.5 倍。也正是因此，伊朗政府当时修订了汽车进口禁令，限制新车进口。但是该国允许进口满足以上相关规定的二手车，调节相关市场需求。

③中国二手车出口伊朗形势

中国汽车进入伊朗市场起步较晚，但发展迅速。2002 年，伊朗最大的汽车零部件生产公司之一的 MST 集团（MAJMOEH SAZI TOOS）和奇瑞汽车厂开始接触，最终于 2021 年 2 月双方开始以 CKD 方式合作生产 A15CNG 车。

在奇瑞的带动下，其他中国汽车公司纷纷跟进。2021 年 5 月，一汽集团与伊朗萨姆（SAM）汽车公司签约，在伊斯法罕合作建设年产 1 000 辆卡车和 50 000 辆轿车生产线各一条，后萨姆公司因自身经营原因破产，该合作未果。2004 年 7 月，东风公司与伊朗塞帕公司签订了 400 辆商用车出口伊朗的合同。东风重卡已向伊朗赛帕内燃机厂出口 13 500 台，且每年以 30%速度递增，东风轻卡已向伊朗出口 7 300 台，2021 年伊朗共订购 404 台东风客车，现已交付 300 台，东风风行 MPV 也获得 200 台采购订单。2006 年，中国汽车进入伊朗市场的脚步明显加快，并取得历史性的突破。2 月，中国重型汽车集团与伊朗霍德罗公司签署了价值 3.5 亿美元的汽车出口合同，向伊朗出售 1 万辆重型汽车，并签署了 10 年销售协议，每年以 5%～20%的速度递增。9 月，北京福田汽车也与一家伊朗公司达成项目合作协议，向伊朗出口 5 000 辆皮卡散件供其组装生产整车。12 月，福建东南汽车工业股份有限公司在北京福田与伊朗 MEHREGHAN 投资公司签订了 10 000 辆“得利卡”轻型面包车整车出口合同，赢得了伊朗政府 2006 年度 15 000 辆面包车采购计划中的最大份额。2008 年 9 月 17 日，力帆汽车 529 型轿车正式在伊朗上市，力帆汽车与伊朗 KMC 公司合资建立 KD 工厂，2008 年预计销售 5 000 台。宇通汽车与伊朗赛帕内燃机厂签订合同，向伊朗出口整车 500 台和 500 台 CKD 散装件，该厂将在 3 年内向宇通采购 5 000 台客车，但不包括给首都公交公司 800 辆燃气大巴。除此之外，江淮、金龙、长安奔奔、哈飞路宝也随后与伊方达成合作协议，开始生产各自的产品。

2018 年 7 月，哈桑·鲁哈尼总统正式发布以完整制造单元（CBU）形式进口车辆的禁令。其规定，只允许以完全拆解（CKD）形式来进口，而不能进口完整的组装单元。随着西方的主要合作伙伴退出伊朗市场，这一举措也为进口各种中国汽车的完全拆解（CKD）部件提供了机会。此后，中国汽车遍布伊朗市场。对于伊朗普通民众来说，许多以完全拆解（CKD）形式进口的中国汽车他们也是买不起的。因为这些汽车通常以高昂的价格（通常是实际价格的2倍多）出售给消费者，其原因是伊朗对进口产品征收了高额关税。

④二手车进口要求

在伊朗《汽车工业组织法增补条款法》第2条关于进口二手车的修订中指出：为了规范汽车市场（轿车、货车、小客车、公共汽车、卡车、卡车和拖车）以支持国内生产，由工业、矿业和贸易部、经济部、中央银行，以及计划和预算组织组成的联合工作组根据每年国家汽车市场的评估需求，确定二手车进口数量和车辆年限（5年以下的汽车）。该车的安全标准必须符合伊朗国家标准，轻型客车（汽油、双燃料和混合动力）国际排放标准或欧5及以上；无论是个人还是企业进口，均须获得工业、矿业和贸易部批准的供应零部件和提供的售后服务。并且根据这项规定，禁止进口排量超过2.5 L的汽车，通过运输公司进口的汽车，10年内不得将车牌换为私家车，确定汽车价值和进口关税的依据也是该法第12条注释6的修正案，以在《汽车工业组织法》中添加条款。汽车进口的商业利润也是根据部长会议批准的进出口法规书确定的。但特别值得注意的是，公共交通车辆和特殊学生交通免缴50%的商业税额。

⑤二手车售价及客户画像

2022年6月，伊朗工业、矿业和贸易部部长赛义德·礼萨·法特米·阿明表示，伊朗政府已经提出包含10条条款的汽车进口规定，正在进行讨论，强调从中国、欧洲进口1万美元以下的经济性汽车以满足人民需求，并逐步淘汰国产落后汽车，实现国产化的升级。

不同于中国和其他大多数市场的二手车价格持续下跌，伊朗的二手车价格却在以里亚尔计价的基础上不断攀升。一辆伊朗产的最基本入门级车Pride在2016年的价格为2.1亿伊朗里亚尔，约合人民币3.5万元。此时普通城市家庭年收入约为3.2亿伊朗里亚尔，约合人民币5.5万元。2018年特朗普撕毁《伊核协议》后，Pride价格立即直接翻倍到4.7亿伊朗里亚尔，约合人民币3.7万元，此时普通城市家庭年收入约为4.35亿伊朗里亚尔，约合人民币3.6万元。2022年初，Pride售价达到了16.9亿伊朗里亚尔，约合人民币4万元，而普通城市家庭年收入仅为11.25亿伊朗里亚尔，约合人民币2.7万元。因此，保值能力强的品牌和口碑好的车型特别受到重视，它们不仅易于保值，而且更容易变现。在伊朗，鉴于汽车价格较高，对于大多数普通消费者而言，购买二手车可能是一个更加经济实惠的选择，他们可能会将这些二手车用于日常通勤和家庭用途。

（4）绿色贸易相关规定

伊朗政府目前没有制定专门的政策促进绿色贸易的发展，绿色贸易相关规定主要在伊朗五年发展计划以及各个部门的发展规划中。2014 年初，伊朗最高领袖哈梅内伊宣布“抵抗型经济总政策纲领”，其核心内容包括增加产品与服务出口，用本国产品取代进口商品，即实施进口替代工业化发展战略。

伊朗政府公布的第七个五年发展计划（2023—2027 年）的总体战略中强调，要促进非石油出口的发展，在计划结束时非石油出口增长 22.6%。伊朗在经济领域的 20 年发展规划也注重经济的内生性和外向性，要求将每年石油收入的 20%存入国家发展基金，用于支持非公有部门发展，增加高科技产品与服务出口，减少非石油贸易逆差，实现贸易平衡。此外，在农业部门发展规划中提到，伊朗将提高饲料、农渔禽畜业，以及食品包装业的出口能力，将投入 20%的农业支持基金于出口设施建设，通过一系列出口激励措施促进农产品出口。

专栏 3-2　中国北车长客股份公司向伊朗第三大城市马沙德出口轻轨车

伊朗处于亚洲交通要冲，对基础设施改善的需求极大。中国北车长客股份公司向伊朗第三大城市马沙德出口了 70%低地板轻轨车。这是中国的首个轻轨车出口项目。车辆运抵后，将解决马沙德线路完工多年无车运营之急。70%低地板轻轨车运行时速为 80 km，碳钢材质车体。低地板结构是指车辆地板距离轨道面小于 400 mm 的轻轨车辆，采用低地板车辆装备的轻轨，既方便乘客上下通行，又省去设计地铁轻轨专用站台，可以大大降低线路造价。低地板轻轨车相对于普通地铁车，车体重量轻，能够更多地节省牵引力，节约能源，是名副其实的“绿色交通工具”。

马沙德车辆体现了中国一流城轨车的研制水平，具有技术先进、外形美观、重量轻、绿色环保等特点。车辆完全采用欧洲设计和试验标准，设计中充分融入伊斯兰文化，汲取马沙德传统与现代的建筑元素，选择银灰、蓝、白 3 色搭配，整体设计体现时尚、动感和超越，满足了马沙德对简洁、时尚、通透、便于清洁和维护的要求，如图 3-3 所示。

图 3-3　中国北车轻轨车

图片来源：中国吉林网。

3. 环境领域投资

（1）环境投资总体情况

根据联合国贸易和发展会议的最新报告，2022 年伊朗获得的外国直接投资总额为 15 亿美元，较上年增长 5%，居西亚地区第 4 位。从外资的投资领域来看，伊朗吸收外资主要集中在原油、天然气、汽车、矿产、石化、食品和药品行业。

近年来，伊朗在铁路电气化改造、高铁建设、高速公路、水利工程、清洁能源、高科技农业和旅游业等多个领域积极吸引外资投资，并促进技术转让。为了鼓励投资，伊朗政府采取了一系列措施，比如对工业、矿业投资实行 4 年 80% 的免税政策，对在不发达地区投资实行 20 年 100%的免税政策。

在解决过度放牧、水污染和荒漠化等环境问题方面，伊朗政府计划在海水淡化和输水管道方面进行大量投资。其计划在 17 个省再建设 50 座海水淡化厂，以满足 4 500 万人口的用水需求。此外，德黑兰市已经完成了约 90%的综合下水道系统，该系统由 8 000 km 的地下隧道和大型污水处理设施组成，并已投入使用。该工程始于 1996 年，由伊朗国内和国际机构提供经费，预计还需要两三年才能完全完成。

伊朗还在绿色能源领域采取了一些具体行动。例如，2016 年，伊朗生物燃料协会、科学与技术副总统办公室以及德黑兰和郊区巴士公司合作，利用废弃的食用油转化为生物柴油，以减少温室气体排放，并降低对化石燃料的依赖。该项目得到了联合国和其他国际组织的支持。

此外，伊朗提出了10年天然气发展规划，计划大规模建设天然气管线，将总长度从3.6万km增加到2025年的4.5万km，输送能力从2 400亿m^3增加到4 000亿m^3，期望到2025年将天然气产能提高71%。伊朗国家天然气公司表示，实现这些目标需要625亿美元的投资。

在电力领域，伊朗将电力工业发展作为国家的优先事项，计划兴建天然气、太阳能和风能发电厂，预计未来20年将新增5 000 MW的发电能力。伊朗能源部表示，电力领域需要大约500亿美元的投资。在交通方面，伊朗每年投入大量资金用于改善海运基础设施和增加运力，计划提高年海运能力至2亿t。2014年，伊朗议会经济委员会批准通过执行期为10年的伊朗铁路发展规划，计划投资超过75.3亿美元，通过新建26个车站、铁路复线以及扩建改建现有铁路等举措，增强铁路客运和货运能力，减少污染，提高燃油效率。预计货运量、客运量将分别从2013年的217亿t·km和174亿人·km提高到2023年的758亿t·km和342亿人·km。伊朗还将旅游业作为发展重点之一，希望通过发展旅游业来促进经济增长和增加就业机会。伊朗国家发展基金将投资7万亿里拉尔（约合2.2亿美元）用于旅游业的发展，包括改善旅游环境和提升旅游景区的住宿、餐饮和交通设施水平。

2022年，中国对伊朗的投资增长了150%。这一数字超过了中国在其他国家的平均投资额。2022年，两国在联合项目上签署的协议数量较上年增加了10倍。中国在伊朗的投资项目主要涉及能源开发、交通、船舶制造和水利项目等领域。例如，中石油和中石化参与了伊朗南帕尔斯天然气田的勘探和开发工作，中国石化在伊朗建设了石化产业园区。

（2）绿色投资相关规定

1）水资源管理

伊朗政府在第六个发展规划中将现代化灌溉方法、海水淡化和污水处理、城市污水系统的网络化，以及废弃物和污水的回收与管理等领域列为优先吸引外国投资的领域。农业部门的发展计划中也提出，在实现确保粮食安全和实现基本商品及食品至少 90%的国内生产的关键目标的同时，还要保护水资源，改革种植做法，获取替代水源，建立工业和废水循环系统及国家级综合水资源管理系统，以提高农业用水效率约 5%。国家供水和污水处理工程公司（NWWEC）在投资规划、人力资源开发以及建立标准化制度和程序等方面提供监督和协助。2005 年，伊朗在水与污水处理领域的国家预算为 14 000 亿伊朗里亚尔，到 2008 年增至 35 000 亿伊朗里亚尔。预算包括多用途水坝、灌溉以及供水和污水处理等方面的投资资金。

2）绿色交通

预计到 2025 年，伊朗计划实现现有铁路线的电气化和双线化，并新建 12 000 km 的铁路线。伊朗铁路公司（RAI）总经理普萨伊德阿扎伊曾表示，该机构已经设立了价值 250 亿美元的铁路项目以及“激励计划”来吸引国内外投资。此外，《伊朗“五五”计划执行法》第 104 款和 134 款中也规定了投资活动应遵守的环境政策。例如：在伊朗新建化工厂、炼油厂以及发电能力超过 100 万 kW 的发电厂、年产 30 万 t 以上的矿山，以及年产 10 万 t 以上的轧钢厂，在可行性研究阶段，须经过环保测试。上述任何项目如果距离过近，无论规模如何，必须经过环保测试。开发地上或地下水资源，建立城市、工业、畜牧业、服务业供水系统，必须获得许可证；设立需排放大量污水的企业必须得到政府的许可。违反以上条款的行为将受到相应处罚。在伊朗，所有车辆必须符合 ECE-ISO4 排放标准，此后所有汽车制造厂也必须符合 ECE-R83 标准，公交车及中巴车必须符合 ECE13.04 标准。

专栏 3-3　中国企业积极参与德黑兰—马什哈德 1 000 km 双轨铁路电气化改造项目

为了建设现代化的铁路运输系统、充分发挥国际枢纽的交通区位优势，伊朗政府制定了宏伟的铁路发展规划，计划到 2025 年，伊朗铁路网络既有线路全部实现电气化改造，线路复线率提升至 100%，最终实现铁路里程翻番的宏伟目标。

2015 年，伊朗和中国就德黑兰—马什哈德 1 000 km 双轨铁路的电气化改造项目达成一致。2016 年 2 月 6 日，中国机械进出口（集团）有限公司及北京苏电能源技术有限公司等中国企业参与的德黑兰—马什哈德铁电气化改造项目正式开工。

德黑兰—马什哈德铁路长达 926 km，计划建设工期 4 年，中方将以贷款方式解决项目 21 亿美元 85%的融资问题。铁路电气化改造不仅可以提高铁路运输的安全性和可靠性，而且可以改善运输服务质量，提高铁路运输效率，节约能源，减少环境污染，促进铁路经济可持续发展。该项目全部竣工后，将有 70 辆中国机车以 250 km/h 在该段铁路上行驶，线路的跟踪和信号系统也将得以改善，预计能将德黑兰至马什哈德段的行程从现有的 12 小时缩减为 6 小时，并将年货运能力增加至 1 000 万 t。

四、可再生能源行业法规标准

1. 总体情况

政府层面，2023 年 2 月，伊朗总统莱希对中国进行国事访问，两国发布《中华人民共和国和伊朗伊斯兰共和国联合声明》，双方同意落实好中伊《关于加强工业、矿业产能与投资合作的谅解备忘录》。双方同意合作增加伊朗可再生能源在其全国能源体系中的占比，特别是提升伊朗光伏发电能力。2023 年 11 月，青海省与伊朗阿尔达比勒省产业合作座谈会在青海省西宁市举行，双方达成清洁能源等多领域的多项合作共识，签订了《中华人民共和国青海省和伊朗伊斯兰共和国阿尔达比勒省建立友好省关系意向书》。

2. 可再生能源行业政策标准

伊朗政府计划加快开发以风电、光伏为代表的可再生能源电力，旨在降低其国内电力生产对石油和天然气的过度依赖。伊朗政府第 5 个五年发展计划提出，近期（2018 年前）优先考虑建设数个总装机容量 5 GW 的可再生能源电厂，远期（2025 年底前）使伊朗发电装机容量从 74 GW 增加到 120 GW 以上，其中，可再生能源电力成为新增装机容量的重要组成部分。

除提出可再生能源发展目标外，早在 1996 年，伊朗政府便设立了隶属能源部的伊朗可再生能源组织（SUNA），该组织主要负责对伊朗境内的可再生能源潜力进行评估并推动实施相关可再生能源项目。

近年来，为吸引私人资本参与可再生能源开发，伊朗政府还通过可再生能源及能效组织（SATBA）与项目开发商签订为期 20 年的购电协议（PPA），并按照政府规定的可再生能源电力上网补贴价格收购可再生能源电力，其中补贴标准最高的是装机容量 10 MW 以下的光伏发电和地热发电，补贴价格为 4 900 伊朗里亚尔/（kW·h）。

3. 可再生能源合作项目案例分析

2017 年 5 月，启迪清洁能源集团旗下启迪清风与伊朗企业 TAVANA 签署合作协议，在伊朗 Zabol 地区投资建设 4 期 50 MW 风电场。伊朗的风能资源丰富，但是由于没有相关产业，伊朗的电价非常高，伊朗政府正在大力推广新能源开发。本次签约后，启迪清风将在伊朗 Zabol 地区投资建设 4 期 50 000 kW 风电场，并启动大部件的本地化制造，单个 50 000 kW 风电场投资约 6.46 亿元；4 个风场预计总投资约 25.84 亿元。一期项目预计 2 年内建成，全部 4 期项目 4 年内建成。项目建成后，该风电场将成为伊朗最大的单体风电场，带给当地约 8 亿 kW·h 清洁电力。“一带一路”倡议为共建国家经济发展带来了新机遇，同样为中国企业“走出去”带来了重要机遇。启迪清洁能源集团响应国家号召，将沿线项目置于优先发展的地位，加快“走出去”的步伐，积极实施海外布局，通过技术合作惠及民生，通过产能合作互惠互利。

2017 年 11 月，英国 Quercus 投资伙伴基金与中国电力建设集团贵州工程公司签署伊朗 600 MW 光伏项目合作备忘录。该项目是目前伊朗历史上最大的光伏项目，项目分 6 期开发，每期 100 MW，项目总投资额为 6 亿欧元，将在 3 年内全部建成并网。伊朗拥有极具吸引力的投资鼓励政策且太阳能发电仅占不到 1%，开发潜力巨大。

此前，贵州工程公司与北京中工源合科技有限公司（CIRI）携手进军伊朗可再生能源市场，已积累了较为丰富的伊朗项目经验。作为国内集开发、建设、运营于一体的清洁能源项目领军企业，贵州工程公司在新能源领域可为国内外客户提供个性化定制服务，具备项目的投融资、设计、施工、调试、试运行等全产业链商业一体化运作的核心能力。近年来，公司走出国门，以东南亚共建国家为主要目标市场，主动融入和服务国家“一带一路”倡议，在海外新能源市场开发上取得了很大的成效和突破。该合作协议的成功签订将有助于贵州工程公司伊朗业务的深入发展。

2018 年 3 月，中国电力建设集团贵州工程公司与 3 家伊朗公司签订 150 MW

风电 EPC 总包合同。2018 年 7 月，中国中钢集团有限公司与意大利 Denikon 公司签署协议，共同在伊朗建设一个容量高达 1 GW 的太阳能园区。根据协议，除合作建造一个容量为 500 MW 至 1 GW 的太阳能园区外，还将合作 20 000 个住宅太阳能发电项目，以及建设一座光伏面板制造厂。项目建成后将有助于降低亚兹德对化石燃料发电的依赖（图 3-4）。

图 3-4　中国中钢集团有限公司与意大利 Denikon 公司共建伊朗太阳能园区

图片来源：国际能源网。

五、国别分析

1. 合作政策建议

做好宏观政策分析评估，防范制裁风险、安全风险。目前中东地区局势错综复杂，安全形势严峻。建议相关部门做好企业境外投资风险预警工作，企业做好宏观政策和地缘政治的分析评估工作，识别并规避相关制裁风险、金融风险和安全风险，保障自身利益。

加强政策的顶层设计与总体规划，与伊朗政府展开深入合作，共同推动制定有效可行的产业促进政策，推动伊朗实现绿色转型。推进铁路电气化改造、水资源管理、清洁能源和高科技农业等领域的发展，吸引外资投入并促进技术转让，是伊朗促进经济社会绿色可持续发展、建设“抵抗型经济”的路径。

2. 企业合作建议

虽然受美国制裁和新冠疫情的双重影响，投资伊朗会面临一些挑战，但从长远来看，伊朗市场规模庞大，许多领域远未饱和，仍具有很大的投资潜力。因此，中国企业应积极发掘伊朗市场商机，持续关注伊朗绿色可持续发展规划和相关政策，将企业战略与伊朗需求对接，坚持“高标准、高技术、高价值”与伊朗进行合作，为当地创造更多就业机会，积极履行企业社会责任，树立中国企业在伊朗的良好形象。

建议设立专门的工作组，深入了解伊朗在绿色技术、贸易和投资领域的发展情况和需求，并建立高效且畅通的信息流通与共享机制。同时，需要为在伊朗的中国企业提供全面支持，包括投资政策指导、金融支持和市场准入便利等，以促进企业的发展并扩大绿色投资规模。此外，还应加强对伊朗绿色发展能力建设的支持，加强在高科技农业、节能环保、水资源管理和绿色交通等领域的沟通与合作。通过加强中伊人员在这些领域的技术交流，提高伊朗的生产效率，解决环境问题，促进非石油贸易，为伊朗的可持续发展做出积极贡献。

促进“光伏+”等可再生能源融合技术的推广。伊朗环境空气质量较差，农业灌溉耗水量大，常年面临缺水和水污染的环境风险。能源生产和消费结构以化石能源为主，温室气体排放增长较快。可再生能源技术具备清洁低碳的特点，近年来，以“光伏+农业”“光伏+畜牧”“光伏治沙”为代表的可再生能源融合技术蓬勃发展，在替代传统化石能源的同时，其对环境治理的积极作用也不断凸显。中国的可再生能源融合技术种类多元，应用场景丰富，生态效益也逐步得到验证。建议结合伊朗环境治理现状，积极推动中伊双方围绕可再生能源融合技术开展合作交流，促进伊朗优化能源结构，改善生态环境，提高民众生活质量。

加强在水资源管理、农业现代化、节能环保等领域的投资合作力度。通过为伊朗提供相关绿色技术和解决方案，帮助伊朗改善空气质量、缓解水资源紧张情况、提高农业生产效率等，为伊朗的绿色转型提供支持。然而，伊朗目前的营商环境还存在一些问题，如法律执行不透明、政府资金较紧张、金融服务不到位、外汇管制不合理、银行系统抗风险能力较低以及行政效率较低等。因此，在伊朗开展业务时，中国企业应做好风险管理，准备充足的备用资金，保持自身融资渠道畅通，制定相应的应对预案，降低可能的损失，以确保企业能够顺利开展生产经营活动。除此之外，中国企业和人员在伊朗开展投资合作时，应尊重当地宗教信仰和风俗习惯，充分了解伊朗的政治、历史和文化背景，与当地居民建立良好关系。

评估项目生态风险，降低相关影响。目前，伊朗的生物多样性受到威胁，城市化、农业与工业发展以及人口增长、干旱、荒漠化和气候变化等是造成生物多样性风险的主要原因。近年来，伊朗已意识到生态保护的重要性，并设定了将自然保护区占国土面积的比例提高到 20%的目标。建议企业在项目合作过程中，提高生态保护意识，提前勘查规划，降低农业、基础设施建设等行为对当地生态环境的影响，避免生态风险。

伊朗环保政策将带来多方面的影响，既触及宏观的市场和社会动态，也涉及企业运营的各个层面。环保政策在推动产业结构优化，为环保技术和服务行业带来新的投资机会，改变市场进入和退出壁垒的同时，加大了企业在合规、技术升级以及生产成本控制方面的挑战。为了遵守环保法规，企业可能需要安装污染控制设备、使用更高标准的原料、提高废弃物处理标准等，导致运营成本的增加，进而可能转嫁到产品价格上，影响产品的市场竞争力。企业需要投入资源和时间以确保生产合规，包括对法规的持续监测、合规审核、员工培训等。面对伊朗日益严格的环保政策，中国企业在伊朗的合作活动应着重考虑环保合规与技术创新。中国企业应加强与当地环保机构的对话，了解最新的法规要求，积极调整生产流程，采用清洁能源与环保技术，降低污染物排放。同时，中国企业应投资于环保研发，不仅以满足当前标准，更为把握未来市场趋势。此外，中国企业应构建绿色供应链，并通过合作提升环保意识，共同开发适应市场需求的环保产品，以增强品牌形象和市场竞争力。

Chapter 4

第四章

卡塔尔

本章由于心怡、李丹撰写。

一、国家概况

1. 社会经济发展总体情况

（1）整体概况

卡塔尔（The State of Qatar），首都多哈，位于波斯湾西南岸的卡塔尔半岛上。截至 2023 年 5 月，卡塔尔总人口为 300 万人。2022 年，卡塔尔 GDP（现价 GDP）为 2 379.95 亿美元，人均国内生产总值为 8.18 万美元，GDP 增长率（名义增长率）为 4%，货币名称为卡塔尔里亚尔（Qatari Riyal），汇率为 1 美元≈3.64 卡塔尔里亚尔。卡塔尔经济支柱产业是石油、天然气及与之相关的石化产业，卡塔尔是世界第一大液化天然气生产和出口国，油气出口收入丰厚。推行经济多元化战略，经济增长前景稳定，营商环境日益完善，拥有现代化的道路、地铁、机场、港口和通信等基础设施，社会治安状况良好，市场化程度较高。

瑞士洛桑管理学院 2020 年 6 月 17 日发布的《IMD 世界竞争力报告》显示，卡塔尔在全球 64 个主要经济体中位居第 17。世界经济论坛发布的《2020 年全球竞争力报告》显示，卡塔尔在信息和通信技术应用方面，位居全球第 9。世界银行《2020 年营商环境报告改革以创造就业》显示，卡塔尔营商环境在 190 个国家（地区）中排名第 77 位，得分 68.7，分数及排名均有所提高。根据卡塔尔中央银行数据，2020 年卡塔尔外债余额约为 628.8 亿美元，较上年末增加约 89.8 亿美元。2022 年 11 月 3 日，穆迪投资者服务公司宣布调整卡塔尔的信用评级，将其前景展望由“稳定”调升至“积极”，信贷评级保持 Aa3。2022 年 11 月 6 日，标准普尔（S&P）将卡塔尔的主权信用评级上调至 AA 级，维持“稳定”前景展望。

（2）宏观经济

国际货币基金组织预计，2022 年卡塔尔经济将实现 3.4%的增长，并且未来几年也会保持经济活力。到 2030 年前后，卡塔尔每年将迎来约 600 万国际游客。路透社文章称，能源丰富的卡塔尔试图效仿海湾竞争对手沙特和阿联酋的“戏剧性”转型，自 2010 年赢得世界杯主办权以来，卡塔尔在基础设施建设上至少投入了 2 290 亿美元。此外，卡塔尔有望成为一个新的投资中心，卡塔尔最近在一项“全球信心指数”排名中首次上榜，居第 24 位。

石油、天然气产业是卡塔尔的经济支柱。近年来，政府大力投资开发天然气，将其作为经济发展的重中之重。2022 年，卡塔尔是世界第一大液化天然气出口国。在大力发展能源产业的同时，卡塔尔还推出了“2030 国家愿景”规划，核心是通过大力发展经济多元化，到 2030 年将卡塔尔打造成一个可持续发展、具有较强国际竞争力、国民生活水平高的国家。卡塔尔于 1995 年成为世界贸易组织成员。2022 年，卡塔尔以 8 000 万 t 的液化天然气出口量成为全球最大的液化天然气出口国。

2. 贸易与产业情况

卡塔尔是联合国、伊斯兰合作组织、阿拉伯国家联盟、海湾阿拉伯国家合作委员会和世界贸易组织等国际组织和区域组织的成员国，是世界天然气出口国论坛成员及论坛总部所在地。2022 年卡塔尔 GDP 为 2 379.95 亿美元，人均国内生产总值为 8.18 万美元。

卡塔尔的支柱产业是石油、天然气及与之相关的石化产业，长期以来占卡塔尔 GDP 的 50%以上，主要产品有液化天然气、原油、凝析油、汽油、聚氯乙烯、液化丙烷、尿素和甲醇等，产品绝大部分供出口。近年来，卡塔尔经济政策谋求由单一油气经济向多元化发展，推行经济多元化战略。卡塔尔制造业、建筑业、物流运输业、金融保险业、农业等产业不断发展。

卡塔尔石油公司（QP）于 2018 年 1 月 1 日完成了旗下卡塔尔天然气运营公司（Qatar Gas）与拉斯拉凡天然气公司（Ras Gas）的合并重组，并将新成立的公司命名为卡塔尔天然气公司（Qatar Gas）。合并前，卡塔尔天然气运营公司和拉斯拉凡天然气公司均为世界较大的液化天然气生产商之一，合并后，新的卡塔尔天然气公司将独家经营卡塔尔每年 7 700 万 t 液化天然气的出口业务。

3. 生态环境状况

卡塔尔的气候环境条件不佳，热带沙漠气候导致气温高、降雨量低（80 mm/a），没有河流和湖泊等淡水水体，地下水是天然淡水的唯一来源，此外土壤肥力低、盐度高。近年来，卡塔尔人口高增长率和城市化进程给生态系统带来较大压力。

（1）空气污染

PM_{10}、$PM_{2.5}$和 O_3 是卡塔尔首要的大气污染物。根据 2015 年卡塔尔公共卫生部的一项研究，卡塔尔环境空气中 PM_{10} 和 $PM_{2.5}$ 的浓度分别高达 330 μg/m^3 和 150 μg/m^3，远高于卡塔尔的国家标准和世界卫生组织标准。耶鲁大学环境绩效指数（EPI）排名中，卡塔尔的 $PM_{2.5}$ 指数在全球 180 个国家和地区中位居第 169。

（2）水污染

卡塔尔唯一的天然淡水资源是降雨和地下水，而地下水资源主要用于农业，处理后的污水主要用于景观美化和灌溉，市政和工业部门的需求严重依赖海水淡化，也带来了海洋污染和碳排放等环境成本。

（3）固体废物

卡塔尔虽然人口规模小，固体废物产生总量低，却是世界上人均废弃物产生量最高的国家之一。卡塔尔主要的固体废物包括建筑废弃物和城市垃圾等，其中建筑废弃物约占所有固体废物的 80%。城市垃圾是其第二大固体废物，每年产生量超过 250 万 t。

（4）总体评价

耶鲁大学的环境绩效指数（EPI）给出了卡塔尔在空气质量、环境卫生与饮用水、废弃物管理、气候变化、废水处理等方面的得分与世界排名，其中卡塔尔的气候变化、空气质量及细分项在 180 个国家和地区排名中接近倒数，如表 4-1 所示。

表 4-1 卡塔尔环境绩效指数得分与世界排名

项目	EPI 得分/100	排名/180
空气质量	42.1	67
$PM_{2.5}$ 浓度	2.4	169
O_3	30.6	150
SO_2	24.3	148
CO	32.1	136
环境卫生与饮用水	66.6	41
环境卫生	81	37
饮用水	57	52
废弃物管理	60.6	33
固体废物	90.2	33
回收	6	166
海洋塑料	56	17
气候变化	21.5	166
CO_2 增长率	32.5	99
CH_4 增长率	13.6	162
黑碳增长率	26.1	171
温室气体排放	13.1	152
废水处理	58.4	63
重金属	58.4	63

4. 能源结构与发展趋势

卡塔尔的能源结构以化石能源为主。近年来，卡塔尔的一次能源生产量及结构较为稳定，天然气和石油合计在卡塔尔能源生产总量中的比重超过 99%，可再生能源的比重不足 1%，如图 4-1 所示。

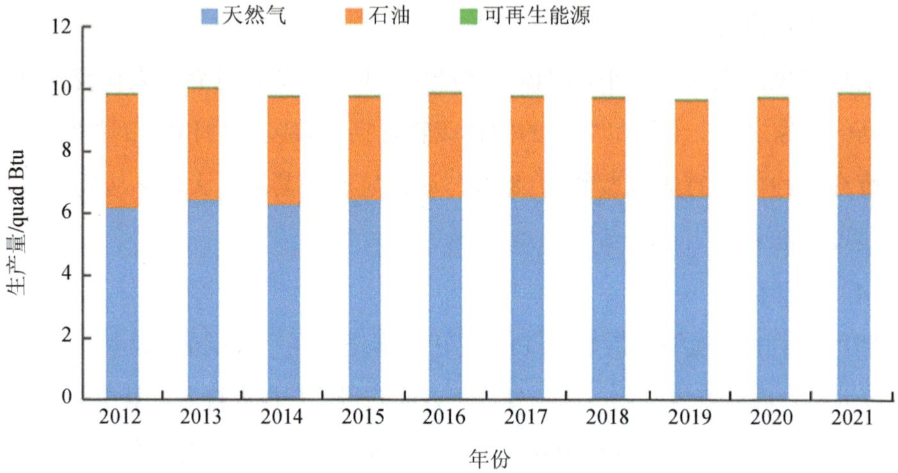

图 4-1　2012—2021 年卡塔尔能源生产量

资料来源：EIA。

卡塔尔的能源消费量远低于能源生产量，大部分能源生产用于出口。天然气在卡塔尔一次能源消费量中的比重保持在 75%左右，石油消费约占 1/4，可再生能源的比重约为 0.1%，如图 4-2 所示。

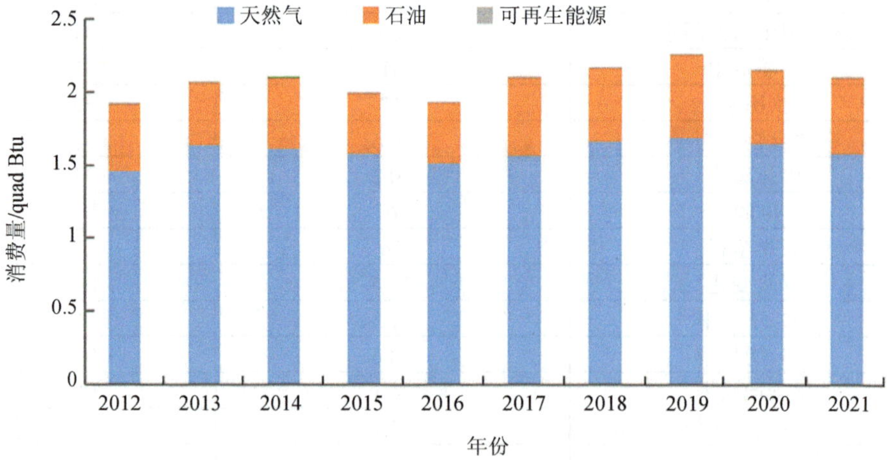

图 4-2　2012—2021 年卡塔尔能源消费量

资料来源：EIA。

卡塔尔的发电装机总量由 2012 年的 9.8 GW 增长至 2022 年的 13.1 GW，年均增长约 3%。卡塔尔的发电装机结构基本上由燃气发电组成，2022 年建成投产的 Al Kharsaah 光伏电站是卡塔尔首个大型集中式光伏发电项目，项目装机容量为 800 MW，将可再生能源在卡塔尔发电装机总量中的比重由 0.1%提高至 6%左右，如图 4-3 所示。

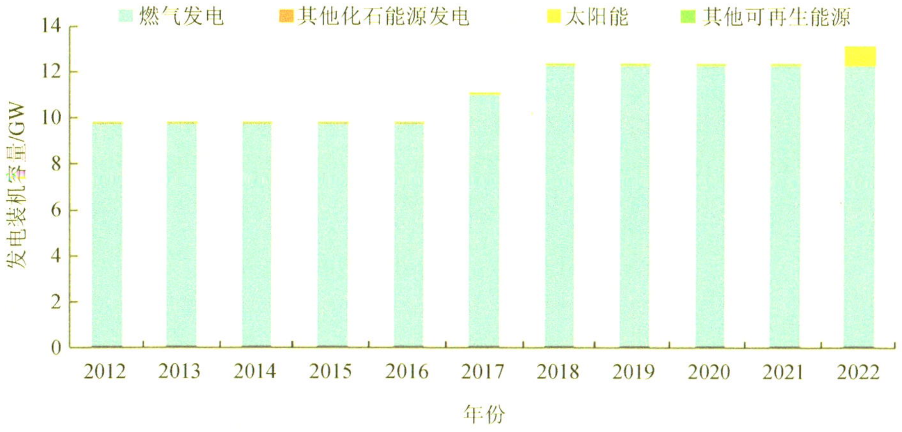

图 4-3　2012—2022 年卡塔尔发电装机容量

资料来源：EMBER。

受较快的人口增长、化工等工业部门的增长、新增海水淡化项目和夏季较高气温等因素的驱动，2012—2022 年，卡塔尔的年发电量由 32.7 TW·h 增长至 49.9 TW·h，年均增长 4.3%，高于同时期内电力装机容量的年均增速。近 10 年来，燃气发电在卡塔尔总发电量中的比重均高于 99%，由于燃气发电机组的利用率大幅高于光伏电站，Al Kharsaah 光伏电站的投产还无法较为实质性地改变卡塔尔的发电量结构，如图 4-4 所示。

图 4-4　2012—2022 年卡塔尔发电装机容量

资料来源：EMBER。

二、环境政策法规与标准

1. 环境政策法规

卡塔尔关于环境保护的主要立法是 2002 年颁布的《卡塔尔环境保护法》，主要目标为保护和维持环境的质量和平衡，治理一切形式和来源的污染，避免建设、工业、农业或经济发展造成的损害导致长期的负面影响，开发自然资源并保护生物多样性，保护社会和公众健康，以及任何生物免受一切环境损害行为的影响，并确保当代和子孙后代的利益。该法的实施细则于 2005 年颁布，内容涵盖环境与可持续发展、开发项目的环境影响、环境灾害应急预案、废弃物和有害物质、空气污染、水污染和海洋环境保护等内容。

《卡塔尔国家愿景 2030》规划以环境发展作为卡塔尔发展成为先进国家的支柱之一。该规划明确实现发展需要和环境保护的平衡，需要灵活而全面的法律法规体系，可以保护环境的所有要素并快速应对出现的挑战；还需要有效且成熟的环境机构，可以建立和加强公众的环境保护意识，鼓励使用环境无害的技术，采用环境规划工具并开展环境研究。

卡塔尔第二个国家发展战略（2018—2022 年）针对环境发展制定了以下具

体目标：降低大气污染物水平，改善沿海和海洋水质，在多哈周围建设绿化带，提高公众对生物多样性状况的认识，建立生态系统及居民状况的国家数据库，以可持续的方式管理自然保护区和生态系统，在环境部内建立卡塔尔环境数据库，以及建设一个具有环保意识和支持性的社会。在大气污染方面，PM_{10}、$PM_{2.5}$和O_3是卡塔尔的首要污染物。第二个国家发展战略的目标是在2022年前，根据卡塔尔环境空气质量标准降低大气污染物浓度。

在废弃物回收利用方面，第二个国家发展战略（2018—2022年）的重点为使用废弃物回收技术支持基础设施项目的开发建设。可利用废弃物是指非有机、无害的固体废物，可以直接利用，也可以在确保符合卡塔尔建筑规范的条件下进行回收，作为结构材料使用。此类废弃物还可用作天然结构材料的增强剂。可利用废弃物包括但不限于钻井和拆除建筑物的残留物，铁渣等工业废料，以及采石场、精炼厂和洗砂等制造业的废弃物。第二个国家发展战略的目标是到2022年，将循环利用材料在材料总量中的比重提高至20%，固体废物回收利用比例达到15%。

2021年，卡塔尔发布了《国家环境与气候变化战略（2021—2030年）》和《国家应对气候变化规划2030》，这两份文件旨在为实现《卡塔尔国家愿景2030》目标，以及卡塔尔在国际社会层面的承诺（2030年可持续发展议程、《巴黎协定》）铺平道路，对卡塔尔的环境和可持续政策具有重要意义。《国家环境与气候变化战略（2021—2030年）》针对温室气体排放和空气质量的目标包括：到2030年，温室气体排放量减少25%；到2023年，建立国家空气质量监测网络和国家大气排放清单等。实现温室气体排放和空气质量目标的途径包括增加碳捕集、利用与封存，以及增加可再生能源发电装机规模以及投资蓝碳技术等。还包括：在生物多样性方面，自然保护区的面积比例提高到25%，并根据“2020年后全球生物多样性框架”进行有效管理；濒危物种得到保护和恢复；遵循可持续做法进行捕捞；提高公众生物多样性的认识、参与度及能力，将生物多样性保护纳入国家和机构规划。在水资源保护方面，对所有水资源进行有效监测；利用反渗透和可持续技术生产55%以上的淡水；地下水开采量减少60%；水网总损失保持在8%以下，实际损失保持在5%以下；人均家庭用水量较2019年减少33%；100%利用循环水。在土地利用方面，农田生产力较2019年水平提高50%；农作物生产用水水平较 2019 年改善 40%；监测并减少农用化学品使用量；监测和改善土壤质量；公共交通比重增加到 16%；为新的开发项目制定并强制实施绿色建筑要求。

《国家应对气候变化规划 2030》旨在将已提出和实施的减缓和适应气候变化措施在一个框架下相结合，其中最重要的目标是减少 25%的温室气体排放，这与《国家环境与气候变化战略（2021—2030 年）》的目标一致。在减缓气候变化方面，石油天然气行业的措施包括部署碳捕集、利用与封存技术，减少 CH_4 排放，降低放空 CH_4 排放，建立能效计划。电力和水行业的缓解措施包括制定节水法规，加强建筑物节能，扩大可再生能源电力装机规模，以及提高能源和水的生产效率。交通运输部门的缓解措施包括增加公共交通，改善航运和航空部门，提高车辆的效率标准，以及汽车和公共交通的电气化。建筑和工业部门的缓解措施包括制定绿色建筑标准，增加废弃物的回收利用等（图 4-5）。

图 4-5　卡塔尔国家应对气候变化 2030

图片来源：qatarstalk.com。

2. 环境标准和主要内容

卡塔尔的环境保护管理标准主要由卡塔尔环境和能源研究所（Qatar Environment and Energy Research Institute，QEERI）以及其他相关机构制定和执行。以下是一些与环境保护管理相关的标准和法规。

（1）空气质量标准

卡塔尔设立了空气质量标准，以监测和控制大气污染物的排放和浓度。这些标准包括对各种污染物（如 PM、SO_2、NO_x、VOCs 等）的限制和监测要求，如表 4-2 所示。

表 4-2　卡塔尔环境空气质量标准

污染物	卡塔尔标准	平均时间
O_3 /（μg/m^3）	235	1 h 平均
	120	8 h 平均
PM_{10} /（μg/m^3）	150	24 h 平均
	50	年平均
$PM_{2.5}$ /（μg/m^3）	—	24 h 平均
	—	年平均

资料来源：卡塔尔第二个国家发展战略（2018—2022 年）。

（2）水质标准

卡塔尔制定了水质标准，以保护水资源的质量和可持续利用。这些标准包括对饮用水、地下水、河流和海岸水域的质量要求，以及废水排放的限制和处理要求。

（3）废弃物管理标准

卡塔尔设立了废弃物管理标准，以规范废弃物的处理和处置。这些标准包括废弃物分类、储存、运输和处理的要求，以及危险废物的管理措施。

（4）自然保护区管理

卡塔尔设立了自然保护区，用于保护珍稀物种和生态系统。相关机构负责管理和保护这些自然保护区，并制定相应的管理规定和措施。

3. 环境管理机构

卡塔尔的《国家环境与气候变化战略》（QNE）为子孙后代保护卡塔尔的环境提供了一个强有力的政策框架。卡塔尔与其海湾邻国一样，极易受到气候变化的不利影响。卡塔尔环境和气候变化部是根据卡塔尔埃米尔谢赫塔米姆・本・哈马德・阿勒萨尼 2021 年第 57 号决定成立的，其主要任务是通过有效的监管框架来保护环境质量并为当代和子孙后代保护其资源。

2021 年，卡塔尔部长理事会批准了《国家气候变化计划》，反映了卡塔尔的长期可持续发展雄心和有效应对气候危机的迫切需要。作为卡塔尔 2030 年国家愿景的组成部分，该计划符合联合国可持续发展目标（SDG），阐述了卡塔尔通过实现经济多元化、能力建设和优化自然资源利用来应对气候变化的承诺。该计划制定了国家气候目标，通过超过 35 项措施和 300 多项以减缓为重点的适应举措来增强气候适应能力。2022 年，卡塔尔环境与气候变化部部长谢赫・法利赫・本・纳赛尔・本・艾哈迈德・阿勒萨尼博士指出，新成立的环境和气候变化部将在可持续发展项目的成功、实现国家保护环境、促进绿色增长和限制气候变化影响方面的目标方面发挥根本性作用。

4. 参与多边环境公约情况

目前，卡塔尔参与的国际多边环境公约包括《生物多样性公约》《联合国气候变化框架公约》《京都议定书》《巴黎协定》《关于消耗臭氧层物质的蒙特利尔议定书》《濒危野生动植物种国际贸易公约》《联合国海洋法公约》《控制危险废料越境转移及其处置巴塞尔公约》《联合国防治荒漠化公约》等。

三、绿色技术与贸易投资情况

1. 绿色技术

（1）国别绿色技术总体情况

保护环境和支持可持续发展是卡塔尔的首要任务。作为 1996 年批准《联合国气候变化框架公约》的首批国家之一，卡塔尔长期致力于应对全球环境挑战。卡塔尔是国际社会应对气候危机运动的积极合作伙伴。卡塔尔于 2005 年签署了《京都议定书》，该协定标志着一个重要的里程碑，国际社会首次就应对气候变化的具有约束力的目标和措施达成一致。2012 年，来自各国政府、联合国组织和民间社会组织的 20 多名代表和主要成员齐聚多哈，参加《联合国气候变化框架公约》缔约国会议第十八次会议。卡塔尔不遗余力地确保 2015 年《巴黎协定》谈判的成功，并且是该开创性条约的自愿签署国。此外，卡塔尔还支持全球通过帮助受气候变化影响最严重的人的项目来促进可持续发展的努力。在 2019 年 10 月的气候行动峰会上，谢赫塔米姆・本・哈马德・阿勒萨尼宣布卡塔尔捐款 1 亿美元，支持小岛屿发展中国家和最不发达国家应对气候变化和环境挑战。

卡塔尔是世界上最清洁燃料之一的主要出口国，帮助各国满足能源需求，同时减少煤炭的碳排放。作为全球能源生产商，卡塔尔能源公司于 2021 年推出了一项新的可持续发展战略，该战略制订了一系列与《巴黎协定》目标相一致的绿色技术目标规划。2020 年，卡塔尔建造了第一座大型太阳能发电厂，将为卡塔尔公民和企业提供可持续、负担得起的清洁能源。此外，卡塔尔正在进行长期研究，以解决能源部门的环境优先事项，从减少 CH_4 到与战略合作伙伴合作，开发和整合整个运营中的碳捕获和储存技术。

世界银行的数据显示，2015 年，卡塔尔可再生能源发电量（不包括水电）占总发电量的比例为 0；2020 年，卡塔尔人均排放 CO_2 31.7 t，森林面积（占土地面积的百分比）为 0，年度淡水抽取量，总量（占内部资源的百分比）为 446%；2021 年，卡塔尔的通电率（占人口的百分比）为 100%；2022 年，使用安全管理的卫生服务的人数（占人口百分比）为 100%。

（2）中国与该国技术合作分析

在绿色技术方面，中国正在与卡塔尔展开多方位、多领域的合作，能够为卡塔尔实现绿色可持续发展起到积极促进作用。2023 年 11 月，在第六届中国国际进口博览会期间，中国石化与卡塔尔能源公司签署北部气田扩能项目二期（NFS）一体化合作协议，包括为期 27 年的液化天然气（LNG）长期购销协议和上游参股协议。根据协议，卡塔尔能源公司将每年向中国石化供应 300 万 t LNG，并向中国石化转让其合资公司 5%股权（折合 NFS 项目 1.875%股权）。这是双方签署的第三个 LNG 长期购销协议，也是继北部气田扩能项目一期后双方达成的第二个一体化合作项目。与卡塔尔能源公司的合作有助于进一步优化中国能源消费结构，构建新型能源体系，助力我国实现“双碳”目标。同时，中国石化是影响力与日俱增的国际化能源化工公司，具备完整的产业链，并不断拓展多元业务，持续推动绿色低碳技术的研发应用，双方的合作将擘画新的全球能源版图。

2022 年 10 月 18 日，卡塔尔世界杯开幕前夕，由中国电力建设集团贵州工程有限公司总承包的卡塔尔阿尔卡萨 800 MW 光伏电站正式投产，为卡塔尔世界杯提供源源不断的绿色能源。该项目光伏区 800 MW 全部采用中国设备，该设备占投资总额的 60%以上，进一步提升了中国品牌在卡塔尔市场的占有率，充分发挥了全产业链一体化优势，助力卡塔尔可再生能源发展。

专栏 4-1 卡塔尔国际足联（FIFA）世界杯中的中国绿色技术

2022 年 11 月，卡塔尔举办了万众瞩目的 FIFA 世界杯。为此，卡塔尔造了一座城，叫作卢赛尔（Lusail），意思是“绿色城市”。在其主场馆卢塞尔体育场内，有来自洲明科技股份有限公司的大型 LED 计分屏。针对卡塔尔温度高、日照强的气候特点，该项目团队从散热处理、画面显示等技术上对 LED 显示产品进行定制化处理，提高了屏幕的散热效率，减少了 LED 显示屏的能源消耗，体现了良好的节能减排效果。世界杯期间所有比赛场地的草坪灌溉及保养技术由宁夏大学提供技术支持，其技术的核心是利用风能、太阳能发电提水，并利用物联网技术进行全程的智能控制，通过间隔式或全管式渗灌，对作物根部实施精准灌溉。在卡塔尔球场附近，有 1 000 套房屋由广东中辉绿建移动房屋科技有限公司供应——由于不需要吊机等重型机械，相较于普通建筑，可以减少 70% 的工业垃圾。

2. 绿色贸易

（1）卡塔尔贸易总体情况

卡塔尔的贸易政策主要侧重于创建一个现代和自由的经济体。这体现在其促进投资（包括国内和国外投资）、地区和国际层面的贸易多样化计划，以及加入世界贸易组织等多个组织方面。

根据 CEIC 数据库，2023 年 9 月，卡塔尔贸易差额为盈余 55 亿美元，8 月盈余 59 亿美元，卡塔尔贸易差额数据从 2014 年 1 月至 2023 年 9 月的平均值为 39 亿美元，该数据在 2022 年 8 月达到历史最高值 100 亿美元，在 2020 年 4 月达到历史最低值 12 亿美元。其中，2023 年 9 月卡塔尔出口总额达 80 亿美元，8 月为 86 亿美元，同比下降 16.7%，卡塔尔出口总额数据从 1998 年 1 月至 2023 年 9 月的平均值为 54 亿美元，该数据在 2009 年 12 月达到 193 亿美元的历史最高值，在 2005 年 8 月达到 0.199 亿美元的历史最低值。2023 年 4 月进口总额为 24 亿美元，3 月为 26 亿美元，同比下降 16.7%，卡塔尔进口总额从 1998 年 1 月至 2023 年 4 月的平均值为 20 亿美元，在 2022 年 10 月达到历史最高值 35 亿美元，在 1999 年 6 月达到历史最低值 1.744 亿美元。

2022年12月，卡塔尔的贸易顺差猛增至282亿卡塔尔里亚尔（77.5亿美元）。这一数字反映了10%的年增长率和7.6%的月增长率。海湾国家贸易收支盈余的激增主要归因于出口的增加和进口的抑制。

油气出口是卡塔尔财政收入的主要来源，其对外贸易长期处于顺差，但卡塔尔外汇收入与国际油气价格紧密关联。受益于强劲的石油和天然气收入，卡塔尔的商品贸易平衡在结构上为正数（2020年为271亿美元，2021年为603.3亿美元）。近年来，油价波动、新冠疫情和俄乌冲突对顺差产生了影响。出口由上年的515.0亿美元增至2021年的872.0亿美元，而进口从258.3亿美元增至279.8亿美元。2022年，矿物燃料、石油和蒸馏产品占该国出口的85%以上（主要是天然气，其次是原油和其他石油产品）。而进口以制成品为主，特别是机械、锅炉、电气和电子设备，以及铁路和有轨电车以外的车辆。此外，与该地区许多国家一样，卡塔尔也是服务业净进口国，2021年进口额达到343.4亿美元，出口额为183.4亿美元。据估计，包括服务在内的贸易顺差从前一年的118.6亿美元大幅增至2021年的443.4亿美元。

2021年，卡塔尔的主要贸易伙伴是中国、日本、印度和韩国，主要供应国是中国、美国、印度和德国。卡塔尔的贸易壁垒很少，关税相对较低。卡塔尔通过双边和海湾阿拉伯国家合作委员会签署了多项自由贸易协定，并于2020年2月与巴基斯坦缔结了新的贸易协定。

2022年卡塔尔主要合作国家贸易情况占比见表4-3，2022年卡塔尔主要产品贸易情况见表4-4。

表4-3　2022年卡塔尔主要合作国家贸易情况占比

主要客户国	占出口的百分比	主要供应国	占进口百分比
中国	15.9%	中国	16.2%
印度	11.6%	美国	14.6%
韩国	10.9%	印度	6.2%
日本	9.6%	意大利	5.7%
英国	6.5%	德国	5.0%
其他国家和地区	45.5%	其他国家和地区	52.3%

资料来源：联合国贸易数据库（UN Comtrade），2023年。由于四舍五入，百分比之和可能略小于或大于100%。

表 4-4　2022 年卡塔尔主要产品贸易情况

2022 年出口产品 1 310 亿美元	
石油气和其他气态碳氢化合物	65.2%
石油和从沥青中提取的油	14.3%
石油和从沥青中提取的油（不包括原油）	7.8%
矿物或化学氮肥	2.7%
初级形式的乙烯聚合物	2.2%
其他	7.8%
2022 年进口产品 335 亿美元	
涡轮喷气发动机、涡轮螺旋桨和其他燃气轮机	5.9%
机动车和其他机动车辆	4.0%
电话机，包括蜂窝电话	3.1%
自动数据处理机和设备	1.9%
由混合或未混合组成的药物	1.9%
其他	83.2%

资料来源：联合国贸易数据库（UN Comtrade），2023 年。由于四舍五入，百分比之和可能略小于或大于 100%。

在经历了近年来的一系列外部冲击后，卡塔尔的贸易和投资前景在中短期内是看好的。多年的石油和天然气价格低迷、2017—2021 年的经济封锁和新冠疫情都影响了跨境商业和金融的流动。卡塔尔利用 2022 年 FIFA 世界杯展示了其更广泛的经济机会，这些机会受益于该国加强的监管制度、改革的行政程序，以及数字化的贸易和投资业务。卡塔尔积极寻求外国投资，并修改法律以促进更高的外国所有权率。随着世界各国从疫情的经济影响中恢复过来，贸易和投资领域的表现将进一步改善。

（2）对中国贸易分析

根据 CEIC 数据库，2023 年 9 月，卡塔尔对中国出口总额为 13.71 亿美元，8 月为 20.62 亿美元，卡塔尔 1996 年 5 月至 2023 年 9 月对中国出口总额的平均值为 1.481 13 亿美元，在 2022 年 12 月达到历史最高值 23.05 亿美元，在 1999 年 2 月达到历史最低值 4.82 亿美元。2023 年 9 月，卡塔尔从中国进口总额为 3.67 亿美元，8 月为 3.74 亿美元，卡塔尔 1996 年 5 月至 2023 年 9 月从中国进口总额的平均值为 1.68 亿美元，该数据在 2022 年 1 月达到 640 百万美元的历史最高值，在

1998 年 3 月达到 160 万美元的历史最低值。

2022 年，中国与卡塔尔双边贸易额为 265.5 亿美元，同比增长 54.7%。其中，中国出口 39.9 亿美元，同比增长 0.9%，进口 225.6 亿美元，同比增长 70.8%。2023 年 1—6 月，双边贸易额为 122.6 亿美元，同比下降 4.5%。其中，中国出口 16.8 亿美元，同比下降 3.8%，进口 105.8 亿美元，同比下降 4.6%，中国是卡塔尔最大的贸易伙伴。

在绿色贸易方面，卡塔尔是中国第二大液化天然气来源国和“一带一路”倡议的重要合作伙伴，液化天然气是两国战略关系的基石。2020 年和 2021 年，卡塔尔和中国石化签署了多项贸易协定。越来越多的中国企业参与卡塔尔的许多重大绿色项目，如大型战略水库项目、哈马德港、有线和无线通信网络等。目前有 200 多家中国公司在卡塔尔开展业务。

自 20 世纪八九十年代以来，卡塔尔一直在能源领域进行大量投资，尤其是清洁能源——液化天然气（LNG）。在向中国出口液化天然气方面，中国是最大的液化天然气消费国，卡塔尔与中国达成了多项短期和长期协议。仅在 2020 年，就与中国石化签署了 4 项贸易协定。2021 年，卡塔尔与中国签署了一份价值 30 亿美元的液化天然气运输船建设合同。卡塔尔和中国还签署了 2 814 辆电动和柴油公交车的出口合同，为 2022 年 FIFA 世界杯的绿色运输目标作出了贡献。中国对清洁能源的需求预计将持续增加，以构建清洁、低碳、安全、高效的能源体系，并履行应对气候变化的承诺。

（3）二手物资回收利用

卡塔尔关心环境并竭尽全力保护环境，特别是在其工业稳定增长、经济增长（世界上最快之一）和人口增长的情况下。这相当于产生大量废弃物，其形式是工业和城市废弃物、建筑和拆除废弃物、废弃物。如今卡塔尔每年产生的固体废物超过 250 万 t，相当于每天大约 7 000 t。

卡塔尔借助 2022 年 FIFA 世界杯主办的契机，为举办可持续的赛事，以及实现《卡塔尔国家愿景 2030》，卡塔尔交付与遗产最高委员会（SC）与当地回收商和市政部密切合作，建立了一个系统，为赛事提供了出色的回收率，并在卡塔尔留下了改善回收基础设施的完整系统。为了实现这一目标，在专家的帮助下估算了比赛期间及其后产生的预期废物类型和相应数量，并针对主要废物类型确定和开发了当地解决方案，如图 4-6 所示。

图 4-6　卡塔尔的废物类型以及尽可能使用的再利用/回收解决方案

资料来源：FIFA 官网。

在 2022 年 FIFA 卡塔尔世界杯官方网站上销售的可口可乐系列饮料的塑料瓶是由再生塑料（rPET）生产的。这标志着可口可乐首次在大型体育赛事中使用 100% rPET 瓶，为观众提供的所有纪念杯在卡塔尔都是可回收的。

世界杯所使用的临时标牌和装饰材料由模块化组件组装而成，可以应用不同品牌的外部包装，这使该结构可以在不同赛事之间重复使用。各类服装也采用聚酯纤维制成，这种材料既可以重新利用，也可以回收利用。例如，2021 年 FIFA 阿拉伯杯中的很大一部分聚酯织物被重新利用，为 2022 年 FIFA 世界杯的工作人员和志愿者制作了 28 700 多个统一分发袋，从而避免了浪费和购买统一分发袋的需要。在 2021 年阿拉伯杯和 2022 年世界杯期间，某些情况下使用了聚丙烯而不是不可回收的泡沫标牌。聚丙烯是一种可以在卡塔尔回收的材料。例如，2021 年 FIFA 阿拉伯杯中超过 4 800 kg 的聚丙烯标牌被回收到塑料桶中，并在卡塔尔当地销售。

卡塔尔有 5 个废物转运站——南多哈、西多哈、工业区、杜汉和豪尔，以减少最终进入空间有限的 UmmAl-Afai 垃圾填埋场的废物量。这些转运站设备齐全，并设有材料回收设施，可分离玻璃、纸张、铝和塑料等可回收材料。卡塔尔鼓励组织出口其回收物品，并鼓励所有制造公司采用回收产品和材料。卡塔尔还开展了不同的公众意识宣传活动，以鼓励公众进行回收，并将回收视为必须履行的义务，改善收集网络，并在全国各地的战略地点放置回收垃圾箱。通过提高人民认识并鼓励全国齐心协力减少废物产生并参与废物回收。

1）二手汽车

①卡塔尔二手汽车总体情况

根据 SPER 市场研究，卡塔尔二手车市场 2023 年约为 5.63 亿美元，预计到 2033 年将达到 12.1 亿美元，复合年增长率为 7.86%。根据统计网站 Statista 的数据，卡塔尔乘用车市场 2023 年产生 8.299 亿美元的收入，年增长率（2023—2028 年复合年增长率）为 10.12%，预计到 2028 年市场规模将达到 13.44 亿美元。可以看出卡塔尔二手车市场在汽车总体市场规模中占比较高。

根据 Statista 平台的数据，在不同细分市场中，SUV 占据最大份额，2023 年市场规模为 4.166 亿美元，并且由于卡塔尔可支配收入高，以及对宽敞和高端车辆的偏好，卡塔尔乘用车市场对豪华 SUV 的需求正在激增，SUV 和小型车占据了卡塔尔汽车销量的主要部分（表 4-5）。

表 4-5 卡塔尔汽车细分市场销量 单位：1 000 辆

项目	2019 年	2020 年	2021 年	2022 年	2023 年
行政车	0.53	0.27	0.40	0.37	0.42
大型车	1.58	0.92	1.35	1.03	1.27
豪华车	0.16	0.10	0.14	0.10	0.13
中型车	4.99	2.58	3.75	3.01	3.66
迷你车	4.68	2.76	3.86	3.00	3.68
小型货车	2.42	1.43	2.09	1.58	2.00
小型车	14.44	8.16	11.39	8.81	10.72
跑车	0.58	0.37	0.55	0.40	0.51
SUV	17.15	9.70	13.85	10.59	12.88
总计	46.52	26.28	37.38	28.88	35.28

资料来源：https：//www.statista.com。

②二手汽车在卡塔尔政策上的需求和支持

卡塔尔二手车进口政策法规主要有卡塔尔要求进口二手车车龄不超过 5 年，且为左舵车辆。同时车辆必须每年进行登记，进口后第 3 年由车辆检查机构（FAHES）开始进行年检，以确保车辆满足上路行驶的条件及安全性。

税收政策主要是卡塔尔进口的二手车以发票上的价格或折旧后的价格为基

准征收5%的关税。二手车进口所需文件包括原产地所有权证明、原始进口舱单、登记证、保单、采购或销售发票、原始提单（OBL）等材料。

卡塔尔二手车需求不断上升。由于卡塔尔个人可支配收入、人均GDP的增加、在线汽车市场的出现以及新车价格的上涨，消费者越来越倾向于使用二手汽车。卡塔尔的大量外籍人口（2023年初为88.5%）也有助于该国二手车市场的增长，因为这些消费者更喜欢使用价格较低的二手车，而不是昂贵的全新车型。在该国停留的时间较短主要是因为更好的就业和财务机会。

并且卡塔尔政府推出的电气化和节能减排政策，也将在预测期内增加卡塔尔各地对二手车的需求。例如，2023年4月，卡塔尔宣布，作为“卡塔尔2030年国家愿景”战略的一部分，计划将其车辆总数的35%和公共交通巴士的100%转换为电动汽车，旨在促进碳减排。此外，2023年1月，卡塔尔通用电力和水务公司（Kahramaa）宣布计划到2025年和2030年建立600～1 000个电动汽车充电站，以促进全国范围内电动汽车（EV）的使用。尽管卡塔尔政府积极推动电动汽车的普及，但电动汽车成本较高，电池成本过高，增加了消费者的经济负担，从而促使消费者选择二手车。

海湾阿拉伯国家合作委员会国家对卡塔尔二手汽车市场的拉动作用也不可忽视。为了在利润丰厚的在线二手车市场获得竞争优势，阿联酋和沙特等海湾阿拉伯国家合作委员会地区的众多参与者正在积极整合卡塔尔的跨境销售机会。随着互联网的普及和在线分类平台的使用越来越多，消费者可以从邻国购买二手车，这有助于他们获得更优惠的二手车价格。尽管由于人口较少，卡塔尔的新车和二手车行业前景有限，但卡塔尔公司也有机会通过向邻近的海湾阿拉伯国家合作委员会国家提供跨境销售服务来扩大业务，这将有助于他们提高他们的业务绩效。

卡塔尔线上销售渠道的发展也极大推进了二手车的需求。2023年初卡塔尔互联网用户数量达到约268万人，互联网普及率达到99%。此外，据估计，总人口中96.8%是活跃的社交媒体用户，其中约256万人年龄在18岁及以上，在同一时期内有经济能力购买二手车。先进技术的采用、电子商务市场的出现，以及各公司在在线广告上的积极策略支出正在增加对通过在线平台销售的二手车的需求。这些平台提供车辆的各类详细信息，例如，车辆制造商、型号、行驶公里数、发动机容量、状况等。此外，卡塔尔最佳的互联网普及率和大量的城市人口有助于建立一个高效的二手车交易生态系统，车主可以在其中接触来自该地区不同地区的买家，并启动顺畅的在线销售流程，而无须前往实体店。

由于这些因素，卡塔尔的二手车市场预计将在未来几年继续呈正增长趋势。

③中国二手汽车出口卡塔尔的形式

综合性价比具有优势。与欧洲、亚洲其他国家和美国的汽车品牌相比，中国品牌除更先进的选择外，还为出口卡塔尔的二手车提供长达 7 年的保修期、内部融资选择以及更低的成本。

主要采取经销模式。长城汽车在 2020 年进入卡塔尔市场，与卡塔尔的 AutoZ 汽车公司签署了独家经销商协议，进一步完善了长城汽车在中东市场的业务板块。目前有皮卡、哈弗 SUV 车型在售。

冠名体育赛事。还有很多中国汽车品牌以各种方式参与卡塔尔世界杯，如上汽名爵是入围 32 强的威尔士队的官方合作伙伴，广汽三菱也宣布与阿根廷国家足球队达成战略合作。

④卡塔尔对二手汽车的要求

2023 年卡塔尔汽车销量品牌划分见图 4-7。

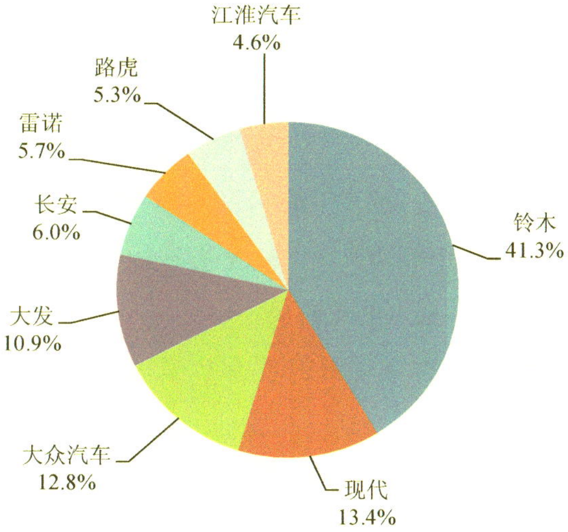

图 4-7　2023 年卡塔尔汽车销量品牌细分

资料来源：https：//www.statista.com/。

卡塔尔的主要汽车品牌以日系、韩系、德系车为主。长安、江淮等中国品牌也占有一定份额。卡塔尔主要通过多哈港进口二手车，当地主要畅销的二手车型有日产奇骏、奔驰 G 级、本田飞度、丰田兰德酷路泽、丰田普拉多、丰田卡罗拉、丰田 Aqua、丰田 Rav4、丰田普锐斯等。根据卡塔尔规划和统计局（PSA）的数据，2023 年 2 月二手车出现正增长。2023 年 2 月所有权转让量为 32 553 辆，同比增长 7.1%，但环比下降 1.8%/月。它占审查期间车辆相关流程清理的 26%。卡塔尔的二手车市场在公民喜欢的品牌方面大多复制了新车市场的相同趋势。在二手车市场，丰田、日产、福特、起亚、奔驰、大众仍然是愿意购买二手车的消费者的热门选择。

二手运动型多用途车(SUV)在卡塔尔二手车市场获得吸引力根据车辆类型，二手运动型多用途车（SUV）和多用途车（MPV）预计在未来几年将快速增长，特别是由于 SUV 在卡塔尔越来越受欢迎。卡塔尔消费者由于美观而更喜欢使用豪华车，因此该国对 SUV 的需求强劲。尽管外籍人士对新型掀背车和轿车的需求也很高，但随着消费者个人可支配收入的增加，二手 SUV 预计在未来几年将出现激增。

在在线分类平台上，新型掀背车和轿车车型的价格通常与二手 SUV 车的价格相匹配，尤其是在向客户提供各种促销优惠以及融资选项之后。例如，2023 年 8 月，一辆二手 2013 款 NissanPathfinder SUV 在在线二手车分类平台 Yallamotor 上的售价为 29 999 卡塔尔里亚尔（8.239 美元）。

此外，据观察，车龄为 2～4 年的二手 SUV 是卡塔尔消费者最喜欢的车型。2022 年世界杯足球赛开始时，对二手 SUV 存在巨大需求，它们被租赁给专门运送代表团前往赛事和旅游景点的旅游公司。

此外，近年来卡塔尔的新款 SUV 销量也呈现正增长。从长远来看，这将对二手车市场产生积极影响，因为随着车龄的增长，它们将成为未来二手车市场中前景广阔的潜在商品。2022 年，预计丰田陆地巡洋舰普拉多、日产途乐、雷克萨斯 LX 和路虎卫士是 2022 年卡塔尔最畅销的新款 SUV 车型。由于这些车辆趋于老化，它们将在 2022 年找到潜在的用例预测期内的二手车市场。未来几年，丰田、日产和起亚等日本和欧洲制造的二手 SUV 车型将在预测期内获得显著的吸引力（图 4-8）。

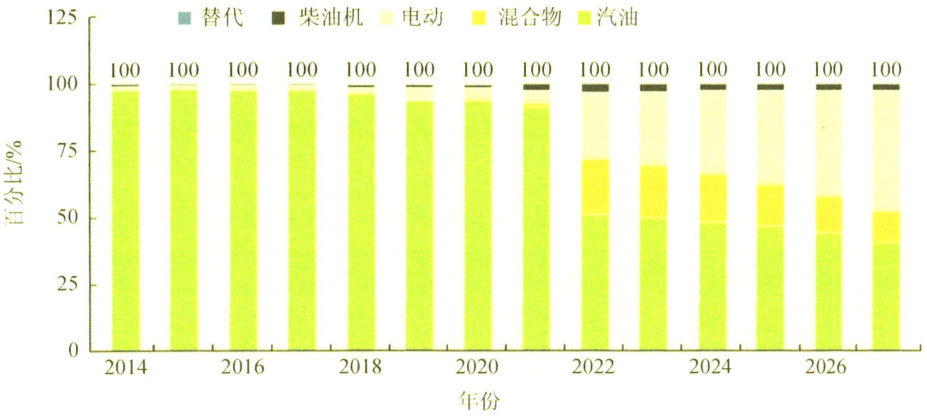

图 4-8　卡塔尔的汽车驱动能源类型变化趋势

资料来源：https：//www.statista.com/。

由图 4-8 可知，在卡塔尔推进节能减排的大趋势下，卡塔尔燃油车比重将显著下降，电动车和混动车比重将逐年上升。

由图 4-9 可知，在卡塔尔推进汽车智能化的大趋势下，卡塔尔汽车智能化水平将不断上升。

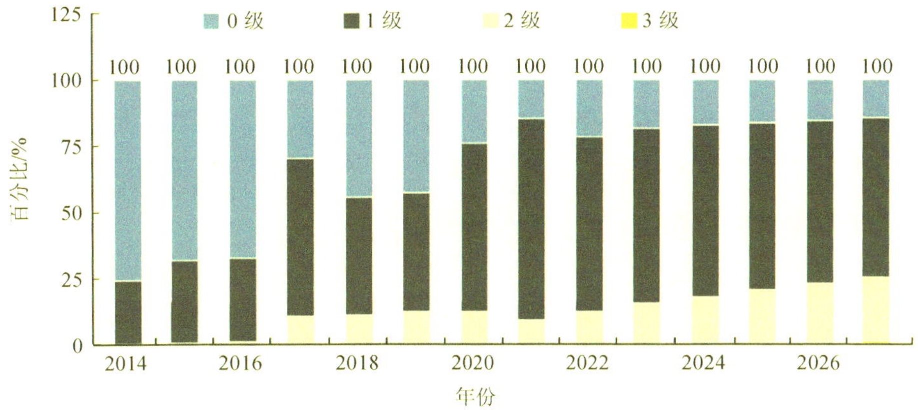

图 4-9　卡塔尔的汽车智能化水平变化趋势

注：0 级表示无自动化，且自动紧急制动或盲点警告等形式的驾驶员辅助非常有限。1 级表示驾驶员辅助，例如巡航控制或车道居中。2 级表示部分自动化，包括制动和转向支持。3 级表示有条件自动化，车辆在某些场景下可以执行大部分驾驶任务，仍需要人工干预。

资料来源：https：//www.statista.com/。

⑤卡塔尔汽车的价格情况

根据 Statista 的数据，2023 年卡塔尔乘用车市场销量加权平均价格为 2.353 万美元（表 4-6）。

表 4-6 2023 年卡塔尔各类汽车平均售价 单位：1 000 美元

项目	2019 年	2020 年	2021 年	2022 年	2023 年
平均	24.54	21.90	23.26	24.19	23.53
行政车	45.65	39.97	41.88	45.20	43.41
大型车	27.10	25.25	26.68	27.38	26.70
豪华车	101.20	92.05	97.11	101.70	98.88
中型车	22.56	20.48	21.54	22.60	21.77
迷你车	14.30	12.29	12.88	13.49	13.13
小型货车	23.41	21.84	23.01	23.69	23.10
小型车	15.07	13.86	14.56	15.14	14.72
跑车	33.55	29.60	31.09	32.55	31.88
SUV	34.13	29.98	31.90	33.18	32.34

资料来源 https：//www.statista.com/。

⑥卡塔尔二手汽车的具体客户画像及用途

卡塔尔各地有许多二手车经销商和在线二手车市场，这导致了一定程度的市场分散和竞争，主要参与者包括 Qmotor、Yallamotor、Automallgatar、AutoZqatar、OasisCars.Dubizzle 和 CarSemsar。

卡塔尔二手车的主要目标受众为 4 类人群，分别是首次购车者、中产阶级人士、精打细算的消费者、年轻专业人士和学生。

（4）绿色贸易相关规定

卡塔尔经济体量不大，重工业、高排放企业主要以当地石油化工和金属生产制造企业为主，卡塔尔政府重视支持发展绿色经济。卡塔尔是 2012 年成立的全球绿色增长组织（GGGI）创始国之一。GGGI 是一个政府间组织，旨在支持新兴和发展中经济体的绿色增长和可持续发展。2020 年 8 月 12 日，卡塔尔与全球绿色增长组织签署了东道国协议（HCA），正式在多哈开设国家办事处，加强相互合作。

专栏 4-2 中国宇通公司成功中标卡塔尔世界杯服务用车项目

2020 年，中国宇通公司成功中标卡塔尔世界杯服务用车项目，加上后续订单，卡塔尔从中国宇通进口了大约 1 500 辆客车，其中包括 888 辆纯电动客车。作为石油和天然气资源非常丰富的国家，卡塔尔首次在世界杯赛事服务用车上引入新能源客车。这些新能源客车主要承担各国球迷以及国际足联官员、媒体记者在市区的交通出行，以及从地铁站和公交车站到世界杯球场的接驳服务等。

针对卡塔尔温度高、风沙大的环境特点，中国宇通对整车密封、底盘防护方面进行升级，为电动客车电机配备了泥沙防护结构，确保电机可在坑洼、砂石路面安全运行；动力电池采用液冷系统，在运行和充电中，可将电池温度控制在不超过 45℃的理想范围内，这可让全生命周期的电池容量衰减降低 10%，让电池拥有了更长的续航能力，并在车辆顶部安装 300 kW 受电弓设备，快速给车辆充电；客车空调采用智能温控算法，可自动检测、识别车内外温度变化，动态调整风量，让乘客体验更智能化的乘坐体验，助力新能源行业可持续发展和卡塔尔绿色交通转型。

除了产品输出，中国宇通还与卡塔尔开展深度战略合作，计划在卡塔尔自贸区建立电动客车工厂，实现由单一的产品出口向高价值的技术出口的突破，并为下一步围绕卡塔尔公共交通绿色化转型开展深度合作奠定坚实基础。

3. 环境领域投资

（1）环境投资总体情况

2023 年 1 月，投资分析公司 FDI Intelligence 最近发布的报告指出，卡塔尔位列全球外国直接投资（FDI）首选目的地第 1。报告称，2019—2022 年，卡塔尔 FDI 项目年增长率达 70%，除油气产业外，商业金融服务以及信息和通信技术产业也吸引了大量投资。2022 年，有 297.8 亿美元的 FDI 进入卡塔尔的 135 个项目，创造约 14 000 个就业岗位。在这些项目中，石油和天然气产业约占 9%，其中大部分项目为信息、通信和技术（ICT）、医疗保健和商业服务产业。在商业服务产业中，软件和 IT 服务以及金融服务，分别占到项目总数的 27%和 12%。

来自美国的投资占卡塔尔2022年FDI总额的近44%，项目价值130亿美元；其次是英国、意大利和法国，分别占21.7%（项目价值64.7亿美元）、21.2%（项目价值63.2亿美元）和11.8%（项目价值35.1亿美元），四国项目投资金额约占当年FDI总额的98%。2023年，卡塔尔继续保持较快的经济增长，经济增速达2.4%，通胀率不超过3.3%。

卡塔尔是海湾国家中第一个实施零废物能源转化计划的国家。位于梅赛义德的固体废物管理中心已贡献30 MW电力。政府不断推进使用新能源，包括太阳能发电和天然气发电，卡塔尔太阳能技术公司计划未来在多晶硅生产设备上投资10亿美元。与此同时，清洁技术价值链在卡塔尔科技发展、制造业、分销和项目开发等多领域均发挥积极作用。据世界银行数据，中东北非地区接收地球上所有太阳能的22%～26%，到2025年该地区的太阳能装机容量将增加近40 GW。2022年，海湾阿拉伯国家合作委员会国家对新能源的投资在中东地区增长最快，达250亿美元。海湾阿拉伯国家合作委员会国家的目标是，到2030年将石油消耗减少23%，并在可再生能源领域创造超过220 000个就业岗位。此外，海湾国家石油公司在绿氢生产和出口方面拥有先发优势，到2050年可能带来2 000亿美元的收入。

绿色公共交通和基础设施项目：卡塔尔同样进行了大量投资，以提供综合的、世界级的多式联运系统，提供安全、可靠和环保的运输服务。多哈地铁是卡塔尔综合公共交通系统愿景的支柱，旨在彻底改变人们在多哈的出行方式。地铁可以快速、方便、安全地服务于首都交通，使其成为比私家车更具可持续性的选择，所有地铁站的设计都以减少对环境的影响为目标，特别是在能源和水消耗方面。哈马德港为该国提供了一个现代化、有弹性的海运连接枢纽，该枢纽以国际公认的可持续性标准为指导，确保材料选择、用水量和能源使用保持一致，以最大限度地减少其碳足迹。卡塔尔航空致力于与航空业合作，以实现环境目标，并获得了国际航空运输协会（IATA）环境评估计划的认证，该计划为持续改进各业务职能部门的环境绩效提供了框架。

（2）绿色投资相关规定

卡塔尔政府的政策支持和当地先进技术基础设施将为清洁技术产业带来750亿美元的投资机遇，卡塔尔政府将对电动汽车进行大规模投资，计划包括到

2030 年部署 100%的电动汽车，设立 600 座充电设施，建设世界上最大、可容纳 478 辆电动巴士的停车场，并安装 11 000 块太阳能电池板。在能源产业，卡塔尔能源集团将启动新的可持续战略，计划到 2030 年将液化天然气生产设施的碳排放减少 35%，并部署碳捕集和存储（CCS）设施，每年捕集超 700 万 t 的 CO_2。

在将环境因素纳入投资方面，卡塔尔投资局是地球主权财富基金（SWF）工作组的创始成员，该工作组旨在将气候变化分析和环境因素纳入投资决策（One Planet，2019）。通过这一承诺，卡塔尔将其主权财富基金按照工作组的设想进行投资，以助力向可持续的低碳经济平稳过渡提供资金（One Planet，2019）。通过将气候变化因素纳入主权财富基金投资的设计、融资和实施中，卡塔尔旨在利用采掘业的储蓄来投资有助于脱碳和可持续发展的全球资产和项目。

此外，卡塔尔作为世界上经济增长最快的经济体之一，城市固体废物管理是卡塔尔面临的最严峻挑战之一。每年产生超过 250 万 t 的城市固体废物，固体废物管理市场预计在预测期内的复合年增长率为 5.81%，卡塔尔是世界上人均废弃物产生量最高的国家之一，每天高达 1.8 kg。在《卡塔尔国家愿景 2030》中，同样从人文、社会、经济和环境等方面明确了未来的发展战略和实施计划，将卡塔尔建设成为可持续发展的发达国家。2021 年 8 月 22 日，卡塔尔市政与环境部（MME）推出投资门户“FORAS”，以促进政府和社会资本合作（PPP）。FORAS 提供的投资项目优先考虑与环境、可持续和废物回收处理相关的项目，以促进卡塔尔可持续发展目标的实现，重点包括工业、旅游、公共服务、食品安全、环境、市政服务和体育 7 个领域的投资机会。环境领域旨在实现卡塔尔的可持续发展目标，为后代保护环境；市政服务领域以保护和美化城市和村庄为目标。2022 年 6 月，卡塔尔市政部长 Abdulla Al Subaie 在 2022 第二届废弃物管理大会暨展览会（The 2nd Waste Management Conference and Exhibition 2022）开幕式上宣布，卡塔尔将启动国家固体废物综合管理计划，旨在建立一套综合基础设施，对固体废物处理流程和减少废物产生等各环节进行管理，并加强与私营企业在投资方面的合作。

四、可再生能源行业法规标准

1. 总体规划

2008 年，卡塔尔发布的《卡塔尔国家愿景 2030》规划是卡塔尔首个明确提出国家长期全面发展战略的政策文件。为了在 2030 年前将卡塔尔建设为一个先进国家，持续提高居民生活水平，文件提出人文发展、社会发展、经济发展和环境发展 4 个支柱。其中，在经济发展方面提出，要实现负责任的石油和天然气开采，在资源储备和生产之间、经济多元化和资源消耗之间建立平衡，做好石油和天然气的长期战略储备，为国家安全和可持续发展提供保障；在环境发展方面提出，要实现发展需要和环境保护的平衡。

在《卡塔尔国家愿景 2030》规划的指导下，卡塔尔于 2011 年发布了第一个国家发展战略（2011—2016 年），并于 2018 年发布了第二个国家发展战略（2018—2022 年）。第二个国家发展战略从经济基础设施、自然资源管理、环境保护和可持续发展等方面，分析了当前的发展形势，识别未来面临的挑战，并提出主要发展目标。在经济基础设施方面，第二个国家发展战略指出，尽管卡塔尔有丰富的可再生能源资源，但在可再生能源生产方面取得的进步非常有限，可再生能源在全国能源需求中的比重微乎其微。在此背景下，卡塔尔将调整多元化能源结构，推动太阳能等可再生能源项目的开发建设，在海水淡化、发电等环节利用可再生能源替代石油、天然气，降低温室气体排放，满足日益增长的能源需求。截至 2024 年 7 月，卡塔尔已建成的集中式光伏太阳能发电装机容量约 800 MW（在建 875 MW），分布式装机容量为 9 MW。

2. 可再生能源合作项目案例分析

Al Kharsaah 光伏电站是位于卡塔尔 Al Kharsaah 地区的光伏发电项目，装机容量为 800 MW，是目前中东地区最大的光伏发电项目之一，也是卡塔尔首个大型集中式光伏发电项目。该项目由 Siraj Energy、丸红和道达尔能源公司所有，3 家企业成立了一家特殊目的公司 Siraj 1，负责建设、运营和管理该项目，3 家企业分别持有其 60%、20.4%和 19.6%的股权。Siraj Energy 是卡塔尔水电公司和卡塔尔石油公司（后更名为卡塔尔能源公司）为开发建设可再生能源成立的合资企业，2 家企业分别持股 60%和 40%。

Al Kharsaah 光伏电站采用建造—持有—运营—转让（BOOT）模式，为期25年。持有和运营该项目的许可将在25年后到期，届时所有权将转让给卡塔尔水电公司。该项目与卡塔尔水电公司签订了为期25年的购电协议。

该项目于2020年7月开始施工，投资约为17亿里亚尔（约合4.623亿美元）。项目分两期开发，容量各400 MW，于2022年10月投产。Al Kharsaah 光伏电站可满足卡塔尔10%的峰值电力需求，在运营期内可以避免2 600万 tCO_2 排放，有助于减少对燃气发电的依赖，使卡塔尔的电力结构多样化。

Al Kharsaah 光伏电站的EPC工程具体由中国电力建设集团贵州工程有限公司承接，电站采用隆基的双面组件。项目位于多哈以西 80 km 的荒漠中，占地10 km^2，共安装超过200万块光伏组件。项目于2020年7月开工，建设过程中需克服频发的沙尘暴及长期 50℃高温的恶劣环境影响，并坚持绿色施工，为现场的灌木、蜥蜴、蛇类等动植物制订详细的迁移计划，为其寻找新的住所，降低对当地的生态环境影响。同时，建立能源资源节约使用、循环利用机制，做好垃圾分类处理，打造能源高效利用、环境友好型建设工地。

五、国别分析

1. 合作政策建议

严格遵守卡塔尔环境政策法规，提升当地环境质量。在考虑卡塔尔能源部门可持续发展方面的问题时，必须认识到实现这一目标会影响卡塔尔适应能源转型和推进经济的进一步多样化。2022 年，俄乌冲突对全球能源市场造成了系统性冲击。这表现为俄罗斯作为可靠能源出口国的地位被颠覆。欧盟停止进口俄罗斯能源的战略决策相当于市场动态的根本转变。在市场层面，卡塔尔与欧洲市场的贸易会出现强劲增长。鉴于欧盟正以领先的方式迈向绿色经济，卡塔尔有机会融入这一市场转变，以实现其能源部门的进一步多元化，从而提高其相关性和可持续性。

因此，卡塔尔正在开展广泛的法律和治理工作，旨在加速关键部门的能源转型、废物管理、经济多元化的绿色增长，这反映了卡塔尔作为阿拉伯世界可持续发展的区域领导者和中心的重要作用。此外，除了旨在加强社会、环境和经济平衡发展的主要立法，卡塔尔针对可持续发展的各个方面制订了一系列法规、行动计划、指令和国家愿景。例如，《卡塔尔国家愿景 2030》的社会发展支柱旨在促进以法治和公民积极参与公共生活为基础的社会的发展，而经济发展支柱则侧重于促进经济发展支柱的重点是促进经济多样化、创业精神，以及卡塔尔当代和后代人的高生活水平。此外，环境支柱强调环境管理，以确保经济增长、社会发展和环境保护之间的和谐。为了平衡这些需求，《卡塔尔国家愿景 2030》表达了卡塔尔的目标，即实现经济多元化，逐步减少对碳氢化合物的依赖，从而向绿色经济更加迈进一步。

在卡塔尔开展投资、贸易、承包工程和劳务合作的过程中，要特别注意事前调查、分析、评估相关风险，事中做好风险规避和管理工作，切实保障自身利益。在绿色技术、绿色贸易及绿色投资方面，中国应在习近平主席提出的全球发展倡议指导下，推动实现更加强劲、绿色、健康的全球发展，构建中卡发展命运共同体，加快落实 2030 年可持续发展议程，推动实现两国更加强劲、绿色、健康的发展，同时也是对《卡塔尔国家愿景 2030》的响应。加快绿色低碳转型、实现绿色复苏发展已成为中卡合作的新动能。中国应同卡塔尔一道，加强绿色基建、绿色能源、绿色金融等领域合作，努力建设更多环境友好型项目，打造中卡更加紧密的绿色发展伙伴关系。中国要根据“共同但有区别的责任”原则，积极应对气候变化，完善全球环境治理，推动实现更加强劲、绿色、健康的全球发展。中国应充分发挥在数字经济领域的先发优势，同卡塔尔在数字经济领域开展深入交流与合作，利用先进通信技术、人工智能、云计算等数字技术的创新赋能作用，加之卡塔尔自身能源优势，为卡塔尔在转变发展方式、提升生产效率、降低能源消耗等方面提供数字技术支持，以能源结构转型、先进绿色技术创新、产业转型升级与可持续发展为引领，共同构建人与自然生命共同体。

在卡塔尔应注意配合其环保政策，增加绿色技术、标准的运用，降低碳排放，并在生产、施工过程中做好环境评估和日常管理。

平衡经济发展和环境保护是《卡塔尔国家愿景 2030》目标之一。卡塔尔政府采用各类手段降低经济发展对环境保护的负面影响。卡塔尔目前重视在设计和实施工业项目时执行国际环境保护标准，重视承诺未来的发展道路符合保护环境的要求。卡塔尔目前尚未出台全国性的针对碳排放要求的法律法规，也尚未征收碳排放税和建立碳排放交易体系，但卡塔尔部分行业已开始先行推进绿色可持续发展。

卡塔尔有严格的生态保护法和专门保护生态的执法部门，这个部门还有“一票否决”权。凡在卡塔尔的施工企业，要特别注意这一点。在企业生产、施工过程中，卡塔尔环保部门会不定期派人到施工现场暗访，对环保情况进行检查（这类检查从不事先通知，也不事后通报）。一旦发现问题，环保部门有权勒令立即停工，要求企业整改（最长时间可达半年）。

卡塔尔政府要求业主、立项方或投资方对整个项目可能造成的环境影响做全面的评估，自己或请专业环境咨询公司准备“环境影响评价报告”，并报卡塔尔市政和环境部；承包商根据 EIA 的评估情况及卡塔尔当地环保要求，结合自己承建的项目施工特点，针对项目施工可能造成的环境变化，如水质、噪声、振动和废弃物等影响，自己或者请专业环保咨询公司准备“建设环境管理计划”（CEMP），并上报项目工程师、业主及卡塔尔市政和环境部，以获得批准，作为项目执行的基本环保准则；针对承包商的具体施工方法，以及可能由于具体施工方法对环境造成的影响、如新港项目的港池降水、爆破等施工活动，要向卡塔尔市政和环境部申请专项许可，如排水许可证、爆破许可证等，只有得到其正式批准后，方可进行该项施工。

2. 企业合作建议

提高国际竞争力，丰富合作模式。目前，我国企业参与中东地区可再生能源项目的合作模式以 EPC 总承包或提供设备为主，深度参与项目开发、投资、建设、运营等环节的较少。建议企业以 EPC 模式合作为基础，积极与当地企业或国际企业组成联合体，进一步提升在当地市场的国际竞争力、运营管理经验和资金运作能力，深度挖掘项目的经济潜力。

中国企业在卡塔尔要建立和谐关系，处理好与政府和议会的关系，密切与当地居民的联系，尊重当地风俗习惯，承担必要的社会责任，懂得与媒体打交道。中国企业应逐步学会与当地媒体建立良性互动关系，主动向当地民众和政府宣传中国企业投资互利共赢、发展绿色经济合作的宗旨，介绍开展项目对实现当地绿色经济多元化、摆脱对油气产业依赖的积极意义，及时回应当地民众和政府的关切，这同样有利于提升中国企业在当地的形象和影响。

企业应依法保护生态环境。卡塔尔有严格的生态保护法，有专门保护生态的执法部门，这个部门还有“一票否决”权。凡在卡塔尔的施工企业，要特别注意这一点。施工和生活中的废料、垃圾等不可随意倾倒，废水、污水也不可随意排放，否则将受重罚。在卡塔尔租住当地人的住房（别墅），对房主在院内外栽种的植物也有保护的责任和义务。同时，企业在卡塔尔开展绿色投资等相关业务时，应积极与当地企业进行深入合作和交流，根据需求因地制宜探索和发展不同合作模式，持续获得和积累相关发展经验，实现同卡塔尔相关绿色产业的协同发展和共同进步。

主动识别自然保护区，践行可持续发展。保护生物多样性、保护环境和可持续发展是卡塔尔第二个国家发展战略（2018—2022 年）的主要内容。该战略指出，卡塔尔的生态环境严峻，生物多样性的丧失无法轻易补偿，因此必须保护生态和环境重要资源。目前，卡塔尔已设立 Al Sheehaniya、Al Thakhira、Al Reem 等十余个自然保护区，大多数保护区是陆地保护区，旨在保护敏感的沙漠生态系统免遭过度开发、过度狩猎和过度放牧。卡塔尔正在完善自然保护区的监测和管理措施，从而实现可持续发展。因此，建议企业在合作开发项目过程中，主动识别卡塔尔的自然保护区和生态敏感区域，运用多种技术和措施维护当地生物多样性。

开展循环经济试点示范，减少建筑废弃物产生量。卡塔尔属于热带沙漠气候，生态系统面临较大压力。另外，环境发展是卡塔尔多项国家规划和政策的重点领域，卡塔尔也在温室气体减排、废弃物重复利用等方面设定了明确的目标。企业在开发建设可再生能源项目时，应重点关注当地的环境政策法规，切实维护卡塔尔的生态环境，开展循环经济试点示范，减少建筑废弃物产生量。运用“光伏治沙”“光伏水泵”“光伏+海水淡化”等技术创新和综合治理手段，在产生经济效益的同时，凸显可再生能源项目的环境效益。

识别卡塔尔的公私合作和新的《投资法》为中国投资者提供的机会。卡塔尔政府在投资立法工作中采取了一系列措施，以吸引更多的外国投资者，并为下一阶段更多的联合投资项目铺平道路。中国在造船、石化、先进技术、酒店服务、旅游和金融服务等绿色领域也对卡塔尔投资者具有吸引力。截至 2022 年底，中国企业对卡塔尔直接投资存量达 9.4 亿美元。作为对外投资大国，中国的能源投资项目对全球应对气候变化、保护环境和生物多样性等议题意义重大。2021 年，中国已承诺不再新建境外煤电项目，大力支持发展中国家能源绿色低碳发展，并将在2030年基本形成共建“一带一路”绿色发展格局。目前，中国可再生能源制造业发展迅猛，共建“一带一路”国家丰富的可再生能源潜力也正一步步得到更加精准地识别和开发，但中国可再生能源投资者依然需要进一步的绿色金融、激励政策等方面的支持和能力建设。

Chapter 5 第五章

埃及

本章由刘雨盈、马丽芳、于洋撰写。

一、国家概况

1. 社会经济发展总体情况

埃及，全称阿拉伯埃及共和国，位于非洲东北部，东临红海，北濒地中海，海岸线全长约 2 450 km。埃及总面积大约为 100 万 km^2，地形以沙漠和尼罗河流域的沃土平原为主，是世界上最早形成国家的地区之一。埃及气候以沙漠气候为主，北部沿海地区则属于地中海气候。根据世界银行数据，2022 年埃及 GDP 为 4 767.5 亿美元，同比增长 6.6%，人均 GDP 为 4 295.4 美元。根据埃及国家统计局数据，2022 年埃及农业、工业和服务业占 GDP 的比重分别为 10.95%、32.71% 和 51.43%。2022 年埃及通货膨胀率为 13.9%，较上年的 5.2%上升 8.7 个百分点。根据埃及中央银行（CBE）的最新数据，截至 2023 年 10 月，埃及的国际储备总额增至 35.1 亿美元。截至 2022 年底，埃及的外债达到 1 629.4 亿美元。根据与国际货币基金组织（IMF）达成的贷款协议，埃及政府承诺在本财政年结束时将总债务上限控制在 GDP 的 92.1%以内，到 2026—2027 财年降至 83%；在本财年实现基本盈余占 GDP 的 1.7%，在 2023—2024 财年达到 2.1%，到 2024—2025 财年和 2025—2026 财年达到 2.3%。埃及是人口最多的阿拉伯国家之一，根据世界银行数据，2022 年埃及人口总数为 1.11 亿人，人口增长率为 1.6%，失业率为 7%。埃及面临一定程度的贫困问题，2019 年贫困人口比例（按每天 1.9 美元衡量）占总人口的 7%。

在国家发展计划方面，埃及的“2030 发展愿景”（Egypt Vision 2030）是埃及为实现可持续发展而制定的国家战略，旨在实现包容性可持续发展和平衡区域发展的原则和目标，并将其本地化到各个国家机构中。该计划自 2016 年启动，目标是通过一系列的结构性改革，改善埃及人民的生活质量并促进经济增长。在同经济合作与发展组织（OECD）的合作中，埃及在国家结构性改革计划的第二阶段内实施了 21 个项目。这显示了埃及政府在推动经济改革和提升行政效率方面的积极努力。在可持续发展方面，埃及在 2020 年的可持续发展指数上升了 9 位，从 2019 年的第 92 位上升到第 83 位，表明埃及在实现联合国的 9 项可持续发展目标方面取得了进展。

2. 贸易与产业情况

据世界银行数据统计，2022 年埃及进口额为 857.6 亿美元，出口额达 516 亿美元，同比增长 18%，创历史新高。埃及主要出口商品包括天然气、农产品（如棉花和柑橘）、纺织品以及化工产品。在进口方面，埃及主要进口机械设备、电子产品、粮食、化学制品和汽车。2022 年出口最多的产品为天然气，约为 100 亿美元，占 1/5；化肥出口 33 亿美元，原油和石油产品 60 亿美元，成衣 25 亿美元，水果 20 亿美元，塑料 18 亿美元。埃及中央公共动员和统计局（CAPMAS）报告指出，2022 年埃及与 G20 国家之间的贸易额增加，达到 881 亿美元，增幅为 10.1%。其中，埃及对 G20 国家的出口额为 256 亿美元，增幅为 21.1%；从 G20 国家的进口价值为 625 亿美元，增长了 6.1%。土耳其是埃及最大的出口市场，2022 年埃及对其出口 40 亿美元，其次为西班牙 37 亿美元、意大利 34 亿美元、沙特 25 亿美元。中国是埃及在 G20 国家中的最大进口国，进口总值达 144 亿美元，沙特以 79 亿美元位居第二，其次是美国 68 亿美元、俄罗斯 41 亿美元。同时，埃及鼓励企业扩大信息通信技术服务出口、开拓重要市场。根据埃及通信与信息技术部的数据，2022—2023 财年，埃及数字出口达到 55 亿美元，较 2021—2022 财年增长 12.2%，主要出口国家包括沙特、美国、阿联酋、德国、加拿大、瑞典、英国等。

埃及是非洲地区重要的石油和天然气生产国，油气工业是埃及经济的主要支柱之一，占 GDP 的 13.6%。2022 年，埃及能源储量激增，新发现了 53 个石油和天然气田。新发现包括西部沙漠、苏伊士湾、地中海和尼罗河三角洲的 42 口油井和 11 口气井。埃及出口了 800 万 t 天然气，而上一年的出口量约为 700 万 t，增长了 14.3%。2022 年，埃及石油产品产量约为 79.5 t，其中包括 50.6 t 天然气、27.8 t 原油和凝析油以及 1.1 t 液化石油气。埃及有非洲最大的棉花和纺织工业集群，从棉花种植到纺纱、织布，直至成衣制造均可生产，产业链较为完整。在成衣制造方面有较强的能力，织布和印染环节相对较弱，需大量进口。埃及目前有 7 000 多家纺织企业，其中 90%为中小企业，吸纳就业约 150 万人，占全国工业就业人口的 1/3，纺织业占 GDP 比重约 3%。近年来，中国纺织企业对埃及市场的关注和兴趣不断增加，一些龙头企业通过合资建厂的方式试水埃及市场，并计划扩大投资规模。埃及是传统农业国，可耕种土地面积占国土总面积的 3.5%，农业从业人口约占全国就业人口的 31%，主要农作物有棉花、小麦、水稻、玉米等。由于可耕种面积严重不足，埃及是世界最大的粮食进口国之一。棉花是埃及最重要的经济作物，主要有超长绒棉、长绒棉和少量中短绒棉 3 类。其中，超长绒棉占棉花产量的 20%，主要种植于北部地区。长绒棉是埃及棉的主要代表，占其棉花产量的 70%，主要产区在尼罗河三角洲。埃及是非洲第一大钢铁生产和消费国。钢铁行业为埃及支柱产业，产品广泛应用于建筑、造船、工业制造等领域。目前，埃及钢铁产量整体过剩，但生产技术相对落后，生产成本偏高，高级钢材和特钢仍需大量进口。在服务业方面，旅游业和航运业是埃及服务业的支柱产业。埃及政府已确定重点发展食品、纺织、制药、金属等 9 个行业，并推出一系列鼓励措施，希望未来 4 年内将年出口额提高至 1 000 亿美元，减少对进口的依赖，缩小贸易逆差。

3. 生态环境状况

在水环境方面，尼罗河污染是突出问题之一。根据埃及环境事务局的研究，尼罗河及其支流存在严重的污染问题，大约 40 亿 m^3 的含有酸、有机材料、农药、农业和重金属的农业和工业废物排入主要河流。阿斯旺河流的有机物含量低于 1 mg/L；开罗河流的有机物含量接近 15 mg/L。阿斯旺的铁、锰和镉等重金属浓度均低于 1 μg/L；三角洲的铁和锰浓度分别达到 1 600 μg/L 和 220 μg/L。此外，三角洲地区面临地下水系统遭受海水渗透的问题，气候变化和海平面上升使大量盐水渗入邻近含水层深处。

埃及空气质量较差，在 2022 年基于 IQ Air 数据的全球空气质量分析排名中，位居全球空气质量得分最低的 10 个国家之一。埃及空气污染的主要来源是 $PM_{2.5}$ 和 PM_{10}。$PM_{2.5}$ 和 PM_{10} 主要来自运输、工业和固体有机废料的露天焚烧。此外，埃及空气质量也受到毗邻沙漠地区和缺乏降水的不利影响。

埃及人均 CO_2 排放为 3.5 t，低于全球平均水平。2005—2019 年，埃及的温室气体排放量快速增长了约 44%，主要来源为化石燃料消耗较大的电力部门和交通运输部门（特别是道路），二者在总排放量中占比约 36%。

4. 能源结构与发展趋势

2012—2021 年，埃及一次能源生产总量增长约 6.91%，按来源看，埃及一次能源生产主要来自天然气、石油和可再生能源。其中，石油及其他液体生产量有所下降，天然气及可再生能源生产量有所上升，10 年内增长率分别约为 14.35% 和 46.92%（表 5-1）。

表 5-1　2012—2021 年埃及一次能源生产量　　单位：quad Btu

项目	2012 年	2013 年	2014 年	2015 年	2016 年	2017 年	2018 年	2019 年	2020 年	2021 年
生产总量	3.90	3.75	3.46	3.33	3.19	3.54	3.92	4.17	3.83	4.16
煤炭	0	0	0	0	0	0	0	0	0	0
天然气	2.24	2.10	1.80	1.64	1.57	1.88	2.22	2.47	2.20	2.57
石油及其他液体	1.51	1.51	1.51	1.54	1.48	1.51	1.55	1.52	1.44	1.39
核能	0	0	0	0	0	0	0	0	0	0
可再生能源及其他	0.14	0.14	0.15	0.15	0.15	0.15	0.16	0.19	0.19	0.20

资料来源：EIA。

在能源消费量方面，按来源看，2021 年能源消费仍以天然气、石油为主，二者消费量合计占比约 92.68%，可再生能源占比仅 5.32%，如图 5-1 所示。

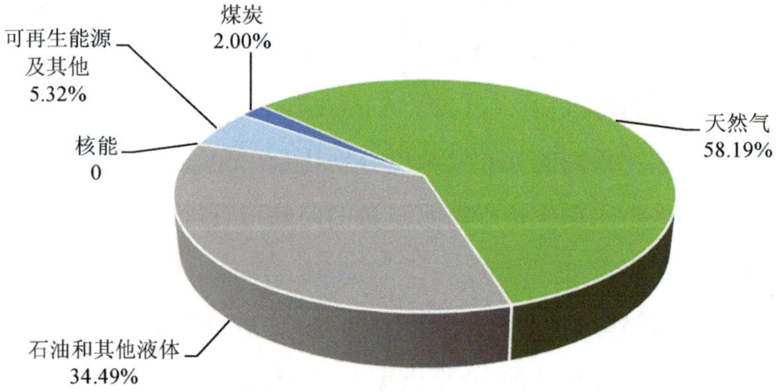

图 5-1　埃及能源消费结构

2012—2021 年，埃及一次能源消费总量增长约 8.26%。10 年内能源消费变化趋势与能源生产一致，石油及其他液体消费量有所下降，天然气及可再生能源生产量有所上升，增长率分别约为 12.76%和 49.04%（表 5-2）。

表 5-2　2012—2021 年埃及一次能源消费量　　单位：quad Btu

项目	2012 年	2013 年	2014 年	2015 年	2016 年	2017 年	2018 年	2019 年	2020 年	2021 年
能源消费总量	3.78	3.74	3.73	3.73	3.77	4.01	4.09	4.05	3.62	3.81
煤炭	0.03	0.02	0.02	0.05	0.06	0.07	0.11	0.09	0.05	0.08
天然气	1.97	1.92	1.78	1.77	1.87	2.13	2.24	2.15	2.08	2.22
石油和其他液体	1.65	1.66	1.78	1.76	1.69	1.66	1.58	1.62	1.31	1.31
核能	0	0	0	0	0	0	0	0	0	0
可再生能源及其他	0.14	0.14	0.14	0.15	0.14	0.14	0.16	0.18	0.18	0.20

资料来源：EIA。

根据埃及电力与可再生能源部（MOEE）数据，2020—2021 年埃及电力装机容量为 58 818 MW，按装机类型分，依次分为联合循环发电（装机容量为 32 448 MW）、蒸汽发电（装机容量为 17 179 MW）、燃气发电（装机容量为 3 343 MW）、可再生能源（装机容量为 3 016 MW）、水电（装机容量为 2 832 MW），如图 5-2 所示。

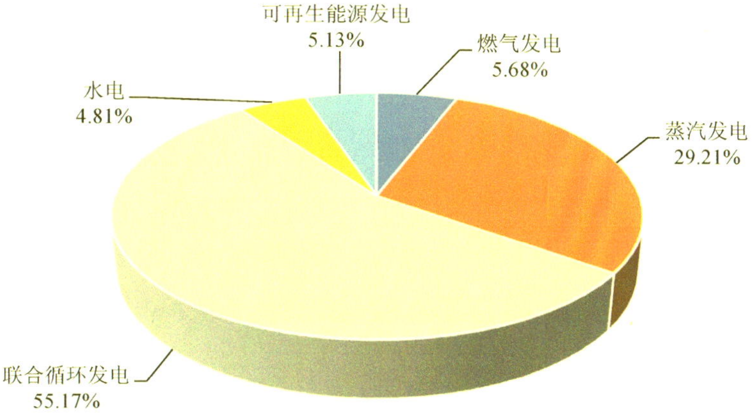

图 5-2　埃及电力装机结构（2020—2021 年）

资料来源：MOEE。

2020—2021 年埃及并网发电量为 204 637 GW·h，按发电类型分，主要为热能发电（包括燃气、蒸汽及联合循环发电），约占总发电量的 87.8%，其余为水电及可再生能源发电，分别占总发电量的 7.22%和 4.99%，如图 5-3 所示。

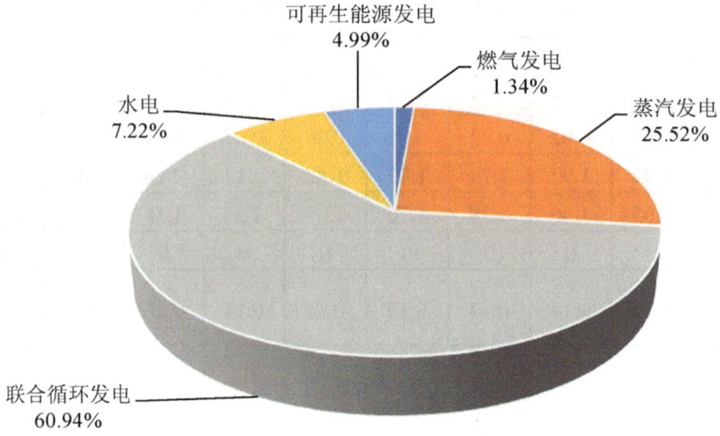

图 5-3　埃及发电量结构（2020—2021 年）

资料来源：MOEE。

目前可再生能源在埃及电力结构中占比较低，但近年来发展较为迅速。尤其是自 2019 年以来，Gabal El-Zeit 580 MW 风电项目、Ras Gharib 250 MW 风电项目、本班 1 465 MW 太阳能产业园项目等接连启动，使埃及风光项目容量显著增长。

2022 年 12 月，埃及内阁发布《可再生能源发展报告》，报告回顾了可再生能源发电的发展现状，其中太阳能在 2022 年占 2%，与 2035 年发展规划目标仍有较大差距，风电占 12%，与 2035 年发展规划目标差距较小，水力发电占比为 6%，高于 2035 年规划目标。报告指出，可再生能源（太阳能发电、水电、风电）的总装机容量约为 7 GW，已实施的风电项目装机容量为 1 635 MW。自 2014—2015 年以来，可再生能源（太阳能、风能）发电量增长了约 7 倍，2021—2022 年总发电量已达到 10 400 GW·h。

2022 年，埃及内阁审查国家电动汽车发展战略制定情况，表示该战略将把埃及打造为非洲新兴汽车市场的主要门户。埃及国家汽车工业发展计划（AIDP）是该战略的一部分，内容包括提供发展电动汽车（EVs）组装和制造能力所需的框架，鼓励在该领域进行新的投资，以及为电动汽车的本地化生产制造端和消费端提供激励措施。根据该计划，房地产开发商在住宅和商业项目中需保证特定数量的电动汽车充电点。

为了提高 EVs 配套基础设施发展水平，埃及内阁表示将成立一家公司，负责在开罗省、吉萨省、亚历山大省和沙姆沙伊赫省建立、运营和管理电动汽车充电站，作为国家汽车和电动汽车产业本地化和扩张战略的一部分。埃及电动汽车充电站公司得到了埃及主权财富基金、Misr保险控股集团和Hassan Allam集团的支持。

2021年，埃及可再生能源领导者Infinity宣布将与政府合作，在未来3年内在全国3 000个充电站中建立6 000个电动汽车充电桩。该项目的第一阶段是埃及迄今为止最大的电动汽车基础设施建设项目，目标是在大开罗、亚历山大和Qalyubia部分地区的1 000个充电站部署约2 000个充电桩。

二、环境政策法规与标准

1. 环境政策法规

埃及主要环境政策法规为1994年颁布的4号《环境保护法》，该法规定创立埃及环境部（埃及环境事务署，Egyptian Environmental Affairs Agency，EEAA），规定所有投资项目在建立前，必须向环境部提交环境影响评价报告。所有在埃及设立的工业项目都要评估自身可能对环境造成的影响，该评估需由埃及权威部门进行，是企业获得经营许可不可或缺的文件。

工业项目必须对在生产过程中产生的污染进行初步治理，达到排放标准后才可向公共排污管道排放。政府还根据该法成立环境保护基金会，其资金主要源于财政拨款、金融机构、民间组织、企业等。

2005年10月26日，埃及颁布1741号总理令，对原《环境法》中的环境标准进行了大规模修订，重新制定环境考核的指标体系和评价内容，规定了更严格的排放标准和污染物处理方法，以及污染源的管理方式。

2009年3月1日，埃及颁布2009年第9号国家令，对原《环境法》进行修订，新增沿海区域环境保护定义及综合管理措施、臭氧层保护措施、设立总理级尼罗河水域保护委员会等内容。

埃及没有固体废物管理法，目前有关城市固体废物管理的法律法规薄弱，具体表现为没有要求地方当局编制和更新废物管理计划；没有关于提供废物收集服务的规定；没有关于提供废物处理和处置设施综合网络的规定；没有设定目标（如收集服务覆盖率、废弃物处理或回收）等。

有关固体废物收集、处理和处置的法律是关于一般公共清洁的1967年第38

号法律和关于环境保护的 1994 年《环境保护法》及其修正案。1994 年《环境保护法》规定，禁止丢弃、处理或焚烧垃圾和固体废物，除非是在远离居民区、工业区、农业区和水道的专门地点。1994 年《环境保护法》的修正案增加了条款，加大了对固体废物不当处理（包括露天焚烧和在未指定地点倾倒）的处罚力度。

第 9/2009 号法律对第 4/1994 号法律进行了修订，将危险废物管理的收集、处理、回收和处置纳入其中。第 86/2010 号总统令规定关闭大开罗地区现有的垃圾倾倒场和垃圾填埋场，对其场地进行修复，并确定了 5 个新场地的位置，用于城市固体废物的分类、回收和最终处置。

2. 环境标准和主要内容

埃及的环境保护管理标准主要由埃及环境事务部（Ministry of Environment）制定和执行。以下是一些与环境保护管理相关的标准和法规。

环境保护法律法规：埃及《环境保护法》是埃及的主要环境法规，于 1994 年颁布。该法规定了环境保护的原则、目标和责任，包括对环境污染的预防和控制、环境影响评估、自然资源保护等方面的规定。

空气质量标准：埃及设立了空气质量标准，以监测和控制大气污染物的排放和浓度。这些标准涵盖了各种污染物，如 PM、SO_2、NO_x 和 VOCs 等。

水质标准：埃及制定了水质标准，以保护水资源的质量和可持续利用。这些标准包括对饮用水、地下水、河流和湖泊水域的质量要求，以及废水排放的限制和处理要求（表 5-3）。

表 5-3　埃及水质量标准

参数名称	相关标准
饮用水质量标准	
pH	一般要求在 6.5～8.5
浑浊度	不超过 5 NTU（浊度单位）
氮化物	不超过 50 mg/L
铅	不超过 0.01 mg/L
铁	不超过 0.3 mg/L
锰	不超过 0.1 mg/L
铜	不超过 2 mg/L
氟化物	不超过 1.5 mg/L
大肠杆菌	不得检出

参数名称	相关标准
泳池水质量标准	
pH	7.2～7.8
游离氯	不低于 0.5 mg/L
合成氯化物	不超过 5 mg/L
水环境质量标准	
氨氮	不超过 1 mg/L
总磷	不超过 0.1 mg/L
溶解氧	不低于 5 mg/L
水温	符合当地环境条件

废弃物管理标准：埃及设立了废弃物管理标准，以规范废物的处理和处置。这些标准包括废弃物分类、储存、运输和处理的要求，以及危险废物的管理措施。

自然保护区管理标准：埃及有许多自然保护区，为保护珍贵的生物多样性和自然生态系统而设立。埃及环境事务部制定了自然保护区管理标准，以确保这些区域得到适当的保护和管理。

3. 环境管理机构

埃及的环境管理部门是埃及环境事务部（Ministry of Environment）。该部门负责制定和执行环境政策、监测和控制污染、保护自然资源和野生动植物，以及推动可持续发展。埃及环境事务部还负责管理和监督环境影响评价、环境许可和环境标准等方面的工作。

4. 参与多边环境公约情况

埃及是联合国政府间气候变化专门委员会成员国，1994 年签署《联合国气候变化框架公约》，2005 年签署《京都议定书》，2016 年 4 月 22 日签署《巴黎协定》并于 2017 年 6 月 29 日批准该协定。

埃及于 2015 年 11 月提交了“国家自主贡献意向书”（INDC），以实现《联合国气候变化框架公约》《巴黎协定》中规定的全球目标。INDC 被视为埃及的首个国家自主贡献承诺（NDC）。2022 年 6 月，埃及对本国向联合国气候大会提交的国家自主贡献承诺（NDCs）进行更新。

在 NDC 文件中，埃及政府对包括发展可再生能源在内的碳减排各领域工作作出承诺。在 246 亿美元的外部支持融资（196 亿美元用于减缓干预措施，50 亿美元用于适应干预措施）条件下，埃及承诺将其发电、输电和配电部门的温室气体排放量减少 33%，即与“一切照旧”（BAU）情景相比减少 7 000 万 tCO_2 当量。为实现这一目标，埃及计划通过减少发电组合中的煤炭产能和替换低效火电站（将简单循环燃气轮机转换为联合循环发电厂，安装超临界蒸汽机组）以加速扩大并网可再生能源的规模。

对于石油和天然气行业，埃及承诺减少 65%的排放量（减排 170 万 tCO_2 当量）。预计采取的措施包括回收和利用原油田产生的伴生气（伴生气将不再燃烧，而是直接进入天然气加工设施用于生产液化石油气、天然气和凝析油），扩展天然气管道网络以帮助居民转用更清洁的燃料，以及使石油公司采取低投资能效措施，以减少该部门 5%的能耗。

在运输领域，埃及计划将排放量减少 7%（减排 900 万 tCO_2 当量）。埃及政府计划推动低碳模式从私人客运和货运车辆向公共交通的转变，具体措施包括扩大开罗地铁网络、发展亚历山大地铁、建设多条铁路线，并将公共巴士转变为使用低碳密集型燃料（天然气）。此外，政府还计划通过为飞机引入 2%的生物燃料，推动民航部门绿色转型。相关领域如表 5-4 所示。

表 5-4　埃及计划投资的低碳领域

序号	计划发展领域	预计投资金额/亿美元
	电力领域	
1	风电项目	405.26
2	光伏发电项目	237.54
3	光热发电项目	181.09
4	传统发电可再生能源化替代项目	100.00
5	智能电表项目	12.97
	交通领域	
6	开罗地铁升级项目	64.00
7	电气化高铁项目	272.00
8	快速公交系统项目	27.30
9	电气化轻轨项目	58.00
10	亚历山大轨道交通升级维护项目	64.6
	垃圾处理领域	
11	垃圾处理站、垃圾发电项目投资建设和运维	56.00

资料来源：国际能源网。

埃及于1992年签署了《生物多样性公约》，并于1993年底予以批准，采取保护和可持续利用自然资源的措施。1997年，埃及农业部成立了埃及野生动物管理局，这是第一个负责制定和实施野生动物保护政策的国家机构。1982年，该机构被埃及环境事务局（EEAA）取代。自1994年起，埃及环境和自然资源管理局成为负责保护生物多样性和履行《生物多样性公约》规定的国家义务的国家机构。埃及环境局设立了一个国家生物多样性中心（NBU），负责制定：①埃及生物多样性国家研究（清单）；②国家生物多样性数据库（与国家生物多样性数据网络相连接）；③国家生物多样性保护战略和国家行动计划。

1988年9月9日，埃及正式加入《湿地公约》[又称《拉姆萨尔公约》(Ramsar Convention)]，为保护和合理利用湿地及其资源提供了框架。

埃及参与的其他多边环境公约包括《联合国生物多样性公约》《联合国防治荒漠化公约》《关于持久性有机污染物的斯德哥尔摩公约》《保护臭氧层维也纳公约》等。

三、绿色技术与贸易投资情况

1. 绿色技术

（1）国别绿色技术总体情况

埃及积极促进其国内绿色技术发展，埃及的“2030发展愿景”是埃及为实现可持续发展而制定的国家战略。埃及国家发展研究中心（Egyptian National Planning Institute）是埃及最大的多学科科研中心，虽然全球（包括埃及）在大力发展可再生能源，但埃及非常重视非可再生能源技术的发展与进步，尤其在寻求减少对传统化石燃料的依赖、降低温室气体排放及实现环境可持续性方面。例如，改良的工业燃烧系统和能量回收技术正在被逐渐应用到化石燃料驱动的电厂和工业过程中。

埃及政府推出了多项措施旨在现代化农业技术，以改善水资源利用效率和提高农业产出。近些年，埃及农业农垦部及所属科研推广部门通过对农业节水灌溉技术的基础试验研究、对当今国际的各种节水灌溉设备和技术进行分析研究、对农业现代化节水灌溉技术与设备的引进和开发运用，以及推广滴灌系统和其他节水型灌溉技术等措施，通过这些现代化的灌溉系统有效减少水消耗，特别是在面积广大的尼罗河三角洲和尼罗河谷地区。此外，政府也鼓励农业生物技术的研究与应用，以提高作物产量和增强作物的耐病性。举办农业技术转让工作坊和培训课程，以确保农民可以接收到最新的绿色农业实践。

同时，埃及政府在绿色建筑和城市规划方面取得了进展。埃及政府启动新行政首都（New Administrative Capital）项目，在城市规划中加入智能资源管理和绿化项目，以增加城市绿化和提高能效（包括树立城市绿洲、建立绿屋顶和改进公共交通系统）。

（2）中国与埃及技术合作分析

随着“一带一路”倡议与埃及“2030 发展愿景”的深度对接，中埃双方近年来不断创新合作形式、拓展合作领域，在科技园与孵化器合作、人员交流、联合实验室合作等方面开展了密切合作，呈现持续合作的良好势头。

在农业科技领域，中埃共建智能节水灌溉实验室，地下管道与风能、太阳能提水设备和手机智能控制灌溉设备一起组成了智能风光互补节水灌溉系统，将水分直接输送到植物根部，相比传统灌溉更加绿色环保高效，通过手机就能实现远程控制。该系统相比埃及技术节水 20%以上，对埃及发展节水农林业、提高农林业综合生产能力具有推动和支撑作用。中埃两国合作的荒漠钻井项目“将让更多荒漠变成良田”，解决了埃及水利灌溉的重大问题，目前中方已完成 154 口水井的钻探，单井出水量最高可达 1 000m^3/h。使用井水改造的土地中，已有 30%投入使用。同时，中埃农业绿色发展联合实验室，将更好开展绿色农业技术的合作，促进其可持续发展。

在绿色工业领域，在中国企业的合作和帮助下，埃及的绿色工业和基础设施建设也有新的突破，通过整合领先的可持续技术，中国公司采纳本国的装备、技术和标准，在提升生产与运营效率的同时，积极避免对环境造成负面影响。这些企业正将先进的数字化和智能化解决方案引入埃及，实施资源节约、环境友好且效率高的生产流程。此举不仅改变了当地的生产与生活方式，同时提供了高质量的就业机会，显著提升了当地民众的生活质量。此类实践不仅在埃及塑造了绿色工业的新标杆，也推动了其经济和社会向绿色可持续发展的方向迈进。例如，中建埃及承建的 CBD 项目，运用各项绿色技术减少材料消耗、节约水资源，同时带动了 3 万多属地工人就业，创立了埃及第一所“鲁班学院”，通过理论学习和技能培训，提高了埃及工人的技术水平。

（3）绿色技术发展规定

埃及政府在“2030 发展愿景”指导下积极推进绿色增长战略，与绿色技术有关的相关规定集中在可再生能源发展、能源效率和节约、绿色建筑、水资源管理、废弃物管理、农业技术和智能城市和交通领域。例如，在绿色建筑领域，埃及“2030 发展愿景”可能推动绿色建筑实践，鼓励使用环保材料，以及积极采用水能和能量管理系统来提升新建筑的环境性能；在智能城市和交通领域，推广智能城市建设，使用智能传感器和数据管理改善城市服务，如智能交通系统减少拥堵和汽车尾气排放。

埃及政府从 1992 年开始制订《国家环境行动计划》（通常每 5 年更新一次），旨在制定全国性政策，并明确环境管理的优先事项。该计划可能包括具体的目标和措施，覆盖能源利用、水资源、气候变化适应和废物处理等多个方面。每个行动计划都会基于当前的需要和优先级进行调整。例如，在农业节水技术方面，鼓励使用节水灌溉系统，如滴灌技术，减少水资源的浪费。在废物管理方面，推广废物回收利用，减少垃圾填埋，以及鼓励采用环保高效的垃圾处理技术，如废弃物能源化。在绿色建筑方面，推广绿色建筑标准和认证系统，如 LEED 或 EDGE 等，以促使建筑行业采用节能、节水、减少建设和运营过程中对环境影响的做法。

埃及国家节能战略（Egypt National Energy Efficiency Strategy）虽然包含了可再生能源的内容，但其同样涵盖了提高能效和节能技术的目标，这也是绿色技术的重要组成部分。

专栏 5-1 中国建筑股份有限公司承担埃及新行政首都商务区项目总承包合同

2022 年，中国建筑股份有限公司承建的埃及新行政首都中央商务区项目已完成全部 20 栋楼的主体结构和外装工程的施工，全面进入装饰装修和机电安装阶段。埃及官方在新行政首都规划之初提出要“绿色发展”，这与中国提出的绿色“一带一路”倡议不谋而合。

中国率先探索了一套适合发展中国家的绿色建造技术，经过实践检验，形成较为成熟的方案和措施，为埃及在绿色建造方面提供了切实可行的参照，有助于埃方快速完成从理念到实践的转化，同时也为埃及的绿色科技创新、绿色产业升级奠定了基础。在施工中，项目采用铝模替代传统的木模，其回收利用率高，大幅降低了材料消耗；现场设置中水系统，将污废水进行净化处理，用于现场除尘、绿化浇灌、车辆清洗等，节约了大量水资源。项目设置了区域能源站，将20栋建筑共192万 m^2 的“供冷”集中设置，统一供给和管理，提高了能源使用效率，还配套设置了“储热罐”，提高了电力能源的利用率。

2. 绿色贸易

（1）埃及贸易总体情况

根据埃及中央银行发布的新报告，在2022—2023财年内，埃及的对外贸易总额计算为1 104.07亿美元。其中，进口额和出口额分别为707.83亿美元和396.24亿美元。与全球14个主要国家的交易总额占贸易总额的61.1%，总计674.69亿美元。其中，埃及的进口总额是422.39亿美元，而出口总额为252.29亿美元。

在这些国家中，阿联酋是埃及最大的贸易伙伴，双边贸易总值高达85.4亿美元，包括埃及自阿联酋的进口49.92亿美元和向阿联酋的出口35.48亿美元。美国排在第二，两国间贸易额达到76.06亿美元，其中埃及从美国进口42.05亿美元，向美国出口34亿美元。中国位居第三，贸易总额为75.04亿美元，埃及从中国的进口为65.99亿美元，向中国出口为9.048亿美元。此外，沙特和土耳其分别位居第四和第五，与埃及的双边贸易额分别为65.55亿美元和53.27亿美元。而德国、意大利、英国、印度、西班牙、瑞士、科威特、荷兰及法国位于后续名单中。

埃及主要出口商品集中于资源密集型产品和初级工业品，具体包括石油和天然气、塑料及其制品、机电产品、钢铁、农产品、服装和纺织品等；主要进口商品以工业制成品、耐用消费品和食品等为主，具体包括油气产品、机械设备、电器设备、谷物、车辆及其配件、塑料及其制品、药品、钢铁和有机化学品等。2022年出口最多的产品为天然气，约为100亿美元，占1/5；化肥出口33亿美元，原油和石油产品60亿美元，成衣25亿美元，水果20亿美元，塑料18亿美元。埃及政府已确定重点发展食品、纺织品、制药、金属等9个行业，并推出一系列鼓励措施，希望未来4年内将年出口额提高至1 000亿美元，减少进口依赖，缩小贸易逆差。

（2）对中国贸易分析

中埃两国的经济和贸易关系根深蒂固，可追溯至两国建交之前，当时两国的贸易部门负责人便已相互访问。两国相继签订了包括《经济贸易协定》《投资保护协定》《关于对所得避免双重征税和防偷漏税协定》在内的多项双边合作协定，进一步加强和规范了双方的经贸往来。2021年10月，两国召开经贸联委会第八次会议，签订《关于设立贸易畅通工作组的谅解备忘录》，落实“一带一路”贸易畅通合作倡议，进一步深化两国贸易合作，提升双边贸易质量和水平。

中国是埃及的主要贸易伙伴之一，而埃及则是中国在非洲和中东地区重要的合作伙伴。2022年，中国仍然是埃及第一大进口国，双边贸易额为181.9亿美元，其中中国向埃及出口171.7亿美元，进口10.2亿美元。2023年1—7月，双边贸易额为92.1亿美元，其中中国对埃及进口6.3亿美元，出口85.8亿美元。中国向埃及主要出口电机、电气、音像设备及其零附件占比最高，其次是锅炉、机械器具及零件，车辆及其零附件，但铁道车辆除外，光学、照相、医疗等设备及其零配件，塑料及制品。中国向埃及主要进口矿物燃料、矿物油及其产品，食用水果及坚果，食品工业的残渣及废料等。随着两国关系的不断深化，中埃之间的贸易额也有望持续增长。中国与埃及也在努力促进人文交流和旅游合作，进一步加深双方的友谊与互信。

（3）二手物资回收利用

在埃及，二手物资回收利用是一个重要议题。在纺织品、电子产品、塑料制品等方面均有其战略发展。

在纺织品回收方面，埃及纺织品和服装行业每年产生约21.2万t的纺织品废料，目前这些废物大多用于降级回收，而不是回归纺织价值链。为解决这一问题，2023年12月，联合国工业发展组织在开罗举行了B2B活动以支持私营部门对生态创新提供解决方案和投资机会。联合国工业发展组织（UNIDO）在埃及启动了两个试点项目，以开发回收埃及工业后和消费前纺织品废弃物的商业模式。第一个项目旨在通过促进对先进化学和机械回收技术的投资来实现回收能力的现代化。第二个项目的重点是建立一个由服装制造商和纺织公司组成的网络，以有效管理纺织品废料，实现高质量回收。

在电子废物回收方面，埃及是非洲电子废物产生量最高的国家之一。尽管电子废弃物数量很多，但正规的电子废物回收企业数量少且规模小。大部分电子废物通过非正式渠道收集和处理，导致了健康和环境问题。但是目前埃及出现了各种改进电子废物回收的倡议，值得加以利用。同时，埃及的 SRI 项目支持国家尝试制定电子废物回收法律框架并实施可持续电子废弃物回收标准。该项目还应支持当局确定和认可独立的合格评定机构，并对合格评定机构进行培训。通过这种方法，回收商将能够通过第三方认证证明其在健康和安全、污染控制和资源保护方面采用了最佳实践。因此，这些改善埃及电子废物处理的战略应有助于使回收活动正规化，重点是建立技术伙伴关系、实施标准和提高合规性、开发健全回收融资系统及对主要利益相关者进行培训。

在塑料回收方面，BariQ 作为埃及最大的食品级回收 rpet 生产商，实施了一个工厂升级项目。该项目旨在提高废塑料回收再生的效率，减少碳排放，满足当地和全球对高质量 rpet 日益增长的需求。这个工厂计划在 2023 年全面投入运营，每小时处理超过 3 t 的 PET 塑料瓶，预计每年生产超过 3.5 万 t 食品级 rpet。这体现了埃及在二手物资回收利用方面的努力，尤其是在塑料回收领域。

总体来看，埃及在二手物资回收利用方面正面临转型和发展的机遇。政府和非政府组织正致力于改进现有的回收系统，以提高效率和环境保护水平。回收不仅对环境有益，也对经济有重要作用。对于企业来说，购买几乎完美的回收材料比购买精制材料更具成本效益。此外，回收行业在埃及创造了大量就业机会。

1）二手汽车

埃及的汽车销量近年来一直维持在较低的水平。每年的汽车销量在 20 万～24 万辆。考虑埃及拥有超过 1 亿人的人口，这一销量数字在国际上处于较低的位置。近年来，由于新冠疫情及本地货币通货膨胀问题，极大降低了人们对汽车的需求，导致车辆销售急剧下降，埃及汽车市场面临越来越严峻的挑战。根据 Investgo 的报道，2023 年第一季度，埃及的新车市场经历了超过 78%的急剧下滑，销量仅为 12 330 辆，相较于 2022 年同期的 55 532 辆，下降了超过 43 000 辆。2023 年上半年，埃及汽车市场销量同比下降了 69.8%，与去年同期相比，降幅显著，其中乘用车销量同比下降 71%，售出 26 869 辆，客车销量同比下降 56%至

3 982 辆；卡车销量同比骤降 71%至 5 994 辆。截至 2023 年 9 月（前三季度），埃及汽车市场连续第 22 个月下滑，新车注册量为 3 549 辆，同比下降 77.1%。2023 年初至 9 月的累计销量为 42 626 辆，较上年下降了 72.2%。

尽管埃及的市场规模、地理位置，以及制造、组装和分销方面潜在的多样化活动组合，但埃及的汽车工业被认为规模较小，利用率较低。以 15 家活跃的乘用车/商用车装配厂（大部分使用进口零部件）和数百家汽车供应公司（供应本地制造或国际品牌以及销售制造商认可的零部件）为主，当地汽车装配厂生产了约 51 000 辆乘用车。由于当前全球和地方经济和供应链面临挑战，埃及的汽车供应问题导致全球供应链中断，进而影响了埃及车辆的供应，2023 年总体供应持续下滑。

日产汽车、通用汽车、GB Ghabbour Auto 一直是埃及当地主要的乘用车和商用车制造商。埃及的二级和三级本地制造商目前专注于轮胎和内胎、玻璃和挡风玻璃、铝零件、电线、电池、板簧、机油和空气过滤器、内饰材料以及塑料零件和保险杠。目前埃及只有两家一级公司（法雷奥和 Brightskies Technologies），专注于将其技术出口到区域和国际市场。

2022 年以来，埃及通货膨胀和埃及磅贬值导致消费能力下降，新车销售价格上涨，市场受到冲击。持续的俄乌冲突导致供应链中断和航运成本上涨，进一步影响埃及新车市场。新车价格上涨推动埃及消费者将需求转向二手车市场，导致二手车交易活跃度提升。消费者对车龄低且具有较高保值率的主流品牌二手车的需求量大，显示出对稳定和经济实惠选择的偏好。

2）具体品牌及受欢迎车型

根据汽车市场信息委员会（AMIC）的报告，2023 年上半年日产（Nissan）汽车在市场上处于领先地位，市场份额约为 24.5%。其总销量达到 6 500 辆，与 2022 年同期相比出现显著变化，日产在埃及市场上历来受欢迎的车型包括日产阳光（Nissan Sunny）和日产轩逸（Nissan Sentra）。奇瑞（Chery）位居第 2，市场份额约为 15.7%，销量为 4 200 辆，在埃及市场上表现良好的车型包括奇瑞艾瑞泽 5（Chery Arrizo 5），该车型 2022 年在埃及市场上的表现尤为突出。雷诺（Renault）紧随其后，位居第 3，其销量徘徊在 3 000 辆左右，占约 11.2%的市场份额。比亚迪（BYD）和丰田（Toyota）分别排名第 4 和第 5，比亚迪以 2 300

辆汽车的销量占据 8.8%的份额，而丰田以 1 700 辆汽车的销量占 6.5%的份额，丰田卡罗拉（Toyota Corolla）长期在埃及市场上受到欢迎。起亚（Kia）排名第 6，售出约 1 200 辆汽车，占 4.5%的市场份额。三菱（Mitsubishi）排名第 7，销量为 1 200 辆，市场份额为 4.4%。名爵（MG）排名第 8，销量约 1 100 辆，市场份额为 4.3%。现代（Hyundai）和欧宝分别排名第 9 和第 10。现代汽车销量近 1 000 辆，市场份额为 3.7%，而欧宝（Opel）销量为 741 辆，市场份额为 2.8%。

在二手车方面，阿联酋、韩国、欧洲等国家和地区每年向埃及出口大量二手车，主要通过塞得港进入埃及，其次是亚历山大港、苏伊士港等港口。当地畅销的二手车品牌主要是现代、起亚、丰田、日产和三菱。

2023 年，埃及市场上最受欢迎的汽车型号包括以下 5 种。

丰田凯美瑞（Toyota Camry）2023 款：凯美瑞以其可靠性、耐用性和实惠性在埃及家喻户晓。2023 款车型采用大胆、时尚的设计和先进技术，车内空间宽敞舒适，配备高级材料和最新信息娱乐系统。

起亚赛拉图（Kia Cerato）2023 款：赛拉图是一款紧凑型汽车，以其时尚、运动的设计和先进技术而受欢迎。内饰空间宽敞，设计现代，配备现代化信息娱乐系统和高质量材料。

日产轩逸（Nissan Sentra）2023 款：轩逸是一款紧凑型汽车，提供时尚、性能和技术的绝佳组合。其配备了 2.0 L 发动机，提供平稳的加速和良好的燃油效率，适合城市和高速公路驾驶。

现代伊兰特（Hyundai Elantra）2023 款：伊兰特是一款紧凑型汽车，提供时尚、性能和技术的绝佳组合。其配备了 2.0 L 发动机，提供平稳的加速和良好的燃油效率，适合城市和高速公路驾驶。

大众高尔夫（Volkswagen Golf）2023 款：高尔夫是一款紧凑型汽车，提供时尚、性能和技术的绝佳组合。其配备了 1.5 L 发动机，提供活泼的加速和良好的燃油效率，适合城市驾驶。

3）二手汽车领域政策支持与需求

进口政策：根据现行法律，乘用车只能在制造日期后一年内进口，这严重限制了埃及二手车的进口，虽然混合动力和纯电动方面放宽限制，允许进口近 3 年生产的混合动力二手车、纯电动二手车，以及配备医疗设备的残障人士用二手乘用车，但也严重限制了埃及二手车进口。埃及汽车经销商协会会长奥萨马·阿布尔-马格德建议修改这项法律以缓解市场压力。

税收政策：埃及不同类型的二手车征收不同的税费，具体税费情况如下。

纯电动汽车政策：二手车免征关税、开发费、计划税等税目，仅征收 14%的增值税。

混合动力汽车政策：根据发动机排量的不同，征收不同的税费（表 5-5）。

表 5-5 混合动力汽车税费征收标准

排量/mL	关税	开发费	增值税	计划税
1 000～1 600	40%	3%	14%	1%
1 600～2 000	135%	5%	14%	15%
超过 2 000	135%	8.5%	14%	30%

残障人士专用车政策：免征增值税、关税等，仅需缴纳 3%的开发费。

环保政策：政府对老旧汽车的替换和转换政策鼓励使用更环保的车辆。这包括通过“Go Green”计划将老旧汽车转换为使用清洁能源的车辆。

电动车文化的培养：虽然电动车文化在埃及尚未广泛传播，但政府正在采取措施推广电动车，包括计划每年生产 25 000 辆电动车。这些努力有助于促进新能源汽车技术的发展和普及。

4）中国二手车出口埃及的形势

从中国出口二手汽车到埃及的流程和规定涉及多个方面，①合规性：熟悉中国有关二手车出口的法律法规。某些汽车，尤其是超过一定车龄的汽车，可能不符合出口资格。②车辆检查和文件：确保车辆符合目的地国家的出口要求和安全标准。准备所有必要的文件，包括合格证书。③进口要求：研究目的地国家的进口要求，包括关税、税收和排放标准。一些国家可能对进口二手车有限制或禁止。④运输物流：安排车辆的运输和托运。与在处理汽车出口方面有丰富的经验且信誉良好的物流公司合作。⑤清关：确保所有必要的海关文件齐全，并仔细遵循目的地国家的进口流程。⑥目的地合规性：确保车辆符合目的地的当地法规。这可能包括修改或检查。

中国自 2019 年 5 月起正式开展二手车出口业务。目前，包括辽宁、福建、四川、天津等 14 个地区获准开展二手车出口业务。这些地区按需制定当地企业的准入标准，规范选车程序，并支持有能力出口二手车、拥有海外市场渠道和售后服务的公司开展出口业务。经过两年的探索，2022 年 8 月，天津出口的首批国内新能源二手车顺利启运，发往埃及的中埃•泰达苏伊士经贸合作区，丰富了二手车“出海”目的地。

5）二手车进口要求

埃及仅允许进口左舵车，进口二手车的主体必须获得商用登记（进口商）或专业执照（个人）。在乘用车方面，仅允许进口近 3 年生产的混合动力二手车、纯电动二手车，以及配备医疗设备的残障人士用二手乘用车。在商用车方面，大型运输车辆车龄可以大于 10 年，其他商用车辆要求车龄低于 10 年。2021 年 7 月 1 日起，出口埃及的二手车必须完成 Cargox 注册，否则将被退运并罚款。同时，为鼓励新能源汽车的发展，埃及对进口纯电动二手车免征关税。

残障人士用二手车进口要求：必须以伤残人士的名义进口。提交声明说明：①5 年内未曾享受医疗装备车辆或自行车的关税豁免；②提供伤残等级不低于 35%的医生证明书。车辆必须按照医学总会的报告进行装备。发动机不得超过 4 缸，排量不得超过 1 600 mL。

商用车进口要求：①车龄低于 10 年。②关税及其他税目：征收 3%～60%不等的关税，根据车辆类型、车龄等要素确定。需要征收增值税等其他税目。商用车，单排货车：49.2%；底盘：37.8%。轻型客车：60.6%。货车车头：20.7%。③进口所需文件：进口许可证编号；商业 ID；税号；营业税登记证明；在海关注册登记为贸易商；发票和原产地证明由埃及外交部及大使馆等有关部门认证。

6）二手车成本要求及中埃对比

埃及对进口二手汽车的成本要求并没有明确规定最高价格限制。然而，存在一些财务政策可能会影响总体成本。例如，2022 年 10 月，埃及内阁批准了一项法案，允许埃及侨民进口私人乘用车，免除税费，但需要以硬通货支付现金金额，这笔金额将在 5 年后收回，这表明间接成本要求与外汇存款而非车辆市场价格相关[①]。

我国二手新能源车正受到“一带一路”沿线越来越多的共建国家认可。像比

① https://www.egypttoday.com/Article/3/119828/Egypt-allows-expats-to-import-passenger-car-without-customs-duties.

亚迪、吉利等的二手新能源车，性能好、性价比高，单台车售价在 2 万美元，而欧美品牌大多在 2.5 万～3 万美元，在价格上非常有优势。而且在全球新冠疫情形势下，这两年国内汽车供应链、物流配套等领域相对稳定。中国与埃及同等要求二手车售价对比没有明确的数据，但查询两国二手车网站价格，总体埃及进口车要高于中国。例如，2019 款卡罗拉，里程 6 万 km 的车在二手车市场估价 7.5 万元左右，在埃及价格在 12 万元左右。

在埃及，对于进口的二手汽车，售后要求并没有详细的官方指南或规定可供参考。一般情况下，进口的二手车应遵守埃及的汽车标准和安全法规。此外，买家在购买时可能需要对车辆的状况进行彻底检查，以确保其符合安全和性能标准。

7）二手汽车具体客户画像

在埃及，二手汽车的主要购买群体包括寻求经济型和实用汽车的消费者。这些消费者倾向于选择性价比高的车辆，市场上流行的车型包括轿车、SUV 等，特别是那些易于维修且配件价格合理的车型，例如，韩国品牌的车辆。这些车辆受到不同收入水平消费者的青睐，特别是中低收入群体。

埃及当地商用卡车大多数为老款退役的欧系、日系卡车，例如，在开罗和卢克索，有大量的轻卡和微卡，绝大部分来自日本和中国的品牌，如中国的江淮、庆铃，还有日本的铃木、三菱，美国的雪佛兰等。而穿行在撒哈拉沙漠和红海沿岸的重卡车型绝大多数都为奔驰、曼恩、斯堪尼亚、沃尔沃等欧系卡车品牌，其中奔驰卡车的数量最多。

（4）绿色贸易相关规定

埃及在推进环境可持续发展的过程中，实施了包括绿色贸易相关规定在内的一系列环保措施。这些规定旨在鼓励采用环保的生产方式，提高产品的环保标准，减少污染，保护自然资源，并促进绿色经济的发展。

埃及“2030 愿景”是埃及响应国内外变化的发展蓝图，旨在通过一系列重点领域的发展，包括环境保护和绿色贸易，推动国家走向更加可持续的未来。埃及 2030 愿景提出将经济增长与环境保护紧密结合，确保经济发展的同时也要保护埃及丰富的自然资源。绿色贸易规定对此发挥关键作用，鼓励出口环保和可持续生产的商品与服务。例如，引入环保产品的认证和标签制度，便于消费者识别，并激励企业生产更多的绿色贸易商品；为那些证明采用了可持续生产方法和战略的贸易企业提供税收优惠；通过参与多边环境协定、与国际伙伴合作等途径，加强与其他国家在绿色贸易方面的合作。同时，埃及力图将其环境和贸易法规与国际标准接轨，特别是在出口市场重要的环境标准方面，以确保埃及商品在全球市场上的竞争力。

（5）绿色能源结构转型

埃及一直致力于经济的可持续发展，中国对其能源绿色发展方面有着长久的出口合作。2023 年 10 月，中国与阿米尔能源公司签约了埃及 500 MW 苏伊士湾风电项目。同月首批出口 7 套风电设备用于承建该项目，该项目为非洲大陆最大风电项目，建成后将向埃及东南地区输送电力，有效缓解该地区用电紧张情况，为埃及开罗东南部近 100 万户居民提供了日常所需电力，并将显著促进埃及当地能源结构转型，预计每年可产生约 27 亿 kW·h 的清洁能源，实现 CO_2 减排约 100 万 t，有效助力埃及新能源战略规划的实现（图 5-4）。

图 5-4　埃及 500 MW 苏伊士湾风电项目

图片来源：国际风力发电网。

3. 环境领域投资

（1）环境投资总体情况

联合国贸易和发展会议发布的《2023 年世界投资报告》显示，2022 年埃及共吸收 144 亿美元的外国直接投资（FDI），同比增长 122.7%。在投资存量方面，截至 2022 年底，埃及利用 FDI 存量为 1 488.9 亿美元，较上年底增加 113.5 亿美元；2022 年，埃及对外直接投资 3.42 亿美元，下降 6.8%；对外投资存量为 91.9 亿美元，增长 3.9%。

中国“一带一路”倡议与埃及政府提出的“2030 愿景”深入对接。10 年来，中国制造业龙头企业加码在埃及的投资，中国对埃投资存量增长近 3 倍。中国企业参与了埃及的能源项目、港口和工业园区建设，推动了埃及经济的发展。另外，中国企业与埃及政府合作在埃及境内设立生产基地，进一步促进了就业和技术转移。例如，海尔埃及生态园奠基，将生产空调、洗衣机、电视等，一期工程拟 2024 年投产；美的集团也在加码埃及投资，美的埃及洗碗机工厂占地 6 万 m^2，总投资超 2 500 万美元，规划最大年产能达 150 万台。产品除了供给埃及市场，80%将出口至非洲、中东、欧洲等市场。此外，万和电气也将在埃及投资建设热水器工厂，产品将面向欧亚乃至全球市场。双方共建的苏伊士（泰达）经贸合作区为 5 万多埃及民众直接或间接提供就业机会，成为促进两国投资和技术合作的重要平台，实现中埃合作的互利共赢。

（2）绿色投资相关规定

埃及“2030 愿景”中提出有关鼓励绿色投资的政策，埃及政府在公布的预算中通过了 691 个绿色项目的资金扶持计划，占项目总数的 30%，总成本约 4 473 亿埃及镑（1 美元约合 15.6 埃及镑），埃及寻求在 2024—2025 财年的投资计划中将绿色公共投资从本财年的 40%扩大到 50%。

埃及《2050 年国家气候变化战略》提出实现经济可持续增长，增强适应和应对变化的能力，采取有力行动应对气候变化，加强应对气候变化的科学研究、技术转让和公众意识，以及最大限度地提高能源效率 5 个目标，其中包括绿色投资相关规定，为实现目标发展绿色产业项目，吸引绿色投资。

绿色债券指导原则（Green Bonds Principles）：埃及采纳国际上广泛认可的绿色债券原则作为其绿色债券市场的基础，指导绿色金融产品的发展。

专栏 5-2　海尔集团公司在埃及投资建生态园

2023 年 3 月，海尔集团公司（简称海尔）在埃及举行生态园奠基仪式，该园总投资 1.6 亿美元，占地 20 万 m^2。一期工程主要生产空调、洗衣机、电视 3 类产品，将于 2024 年上半年投产运营。二期工程主要生产冰箱、冷柜，设计总产能超 100 万台。生态园投产后，“埃及造”的海尔家电产品不仅能满足埃及本土需求，还将辐射非洲、中东、欧洲市场。埃及生态园的建设将带来多项利好：首先，这是海尔智家深化中东及非洲市场布局的关键一步，将完善海尔智家的全球供应链体系，加速海外创牌战略落地；其次，海尔在埃及市场将从进口变为本土化生产，产品还可以零关税出口周边的中东及非洲市场，缩短市场响应时间，降低关税、物流等成本，提升运营效率；最后，海尔在埃及的生态园投产后，不仅可以为当地提供超 2 000 个就业岗位，还将使“埃及造”的中国品牌家电产品，以更便利的条件进入中东、非洲、欧洲市场，实现中埃合作的互利共赢。

四、可再生能源行业法规标准

1. 总体规划

（1）可再生能源发展战略

2016 年 10 月，埃及政府正式发布《2035 综合可持续发展能源战略》，计划到 2035 年将可再生能源供电比例提升至 42%，其中，风电 14%、水电 2%、光伏 22%、光热 4%（其中，风电规划装机 18 GW，太阳能发电规划装机 43 GW）。根据规划，私营领域将成为埃及新能源项目的主要资金来源。

埃及电力和可再生能源部部长表示，埃及计划到 2030 年将可再生能源供电比例提升至 42%，2040 年实现 60%的可再生能源占比。埃及 2030 年战略的三大重点为扩大天然气作为过渡燃料的使用、制定国家氢战略、扩大可再生能源的使用，尤其是太阳能和风能。

（2）埃及小型光伏项目发展计划

埃及政府推出“Egypt-PV”计划，由埃及工业现代化中心（The Industrial Modernization Center，IMC）与联合国开发计划署合作，由全球环境基金提供资金支持，实施并网小型光伏系统国家项目。该项目主要面向公众市场，旨在开发分散式并网小型（装机规模小于 500 kW）光伏系统，促进其在工厂、酒店、商业、公共和住宅建筑中的安装，并提供技术支持和资金帮助。

截至 2021 年，该计划已进行约 190 个项目，领域覆盖政府部门、工业、住宅、旅游和商业等，其中 130 个项目已完成，其余项目在执行。联网式小型光伏电站（屋顶光伏），应用领域包括旅游业、教育行业和工业领域等。截至 2021 年，已安装和在建小型光伏项目装机约 10 MW，总投资约 2 亿埃及镑，其中约 2 500 万埃及镑为无偿捐赠。

（3）埃及能源政策改革计划

2014 年 7 月，埃及政府启动了全面的能源政策改革方案，其中包括逐步取消能源补贴以及对电力和石油天然气部门进行全面改革，该方案预计将于 2024—2025 财年完成。实施该计划后，能源补贴在埃及 GDP 中的比重从 2012—2013 财年的 6%下降到 2019—2020 财年的 0.3%。

2. 可再生能源行业政策标准

自 2014 年起，埃及政府加大能源电力领域的改革力度，增加和完善电力和新能源领域的法律法规体系建设，加快推进新能源和可再生能源领域的发展。埃及新能源领域的法规政策主要包括法律、规定、政策几个层面，对新能源发展起到推动、规范和监管等作用。

（1）《可再生能源法》

2014 年 12 月，埃及通过《可再生能源法》(Renewable Energy Law No.203/2014)，以法律形式正式允许私营领域通过 4 种渠道参与可再生能源项目，包括竞争性投标模式、上网电价补贴模式（FiT）、商业 PPA 模式及 EPC 模式。

（2）新《电力法》

2015 年 7 月，埃及通过新《电力法》（Law No.87/2015）。从总体上看，新电力法鼓励私营领域增加电力市场投资，特别是发电和配电领域，从法律层面开始打破埃及电力市场“单一买家”模式；输电领域仍维持国有独家垄断经营状态。新《电力法》提出进一步支持和鼓励新能源和可再生能源发展，以及促进能源利用效率提升。

（3）新《投资法》

2017 年，埃及通过新《投资法》（Law No. 72/2017），通过法律形式规定给予可再生能源项目税收减免。包括以下三个方面：降低关税税率；根据项目投资成本减少应纳税额；给予增值税减免等。

3. 可再生能源合作项目案例分析

埃及本国电力需求不断上升，埃及政府致力于打造区域电网互联中心并扩大电力出口，以及埃及希望通过大力发展新能源摆脱国家能源问题等，电力和新能源的发展将受到政策进一步推动。根据 IEA 预测，2022—2027 年，埃及有望增加超过 4 GW 可再生能源发电装机。埃及将在风光可再生能源领域、绿色氢能领域、低碳交通领域存在较大市场机遇。

2016 年 10 月，埃及政府正式发布《2035 综合可持续发展能源战略》，计划到 2035 年将可再生能源供电比例提升至 42%，其中，风电 14%、水电 2%、光伏 22%、光热 4%，但目前项目开发进度落后于该国的新能源及可再生能源发展阶段目标。

当前，埃及在建和在开发的新能源及可再生能源项目装机总量超过 3 700 MW，包括 3 000 MW 风电项目和 700 MW 光伏发电项目。其中，90%以上为私人投资开发项目，其余为政府投资开发项目。

根据埃及电力控股公司数据，2022 年，埃及全国发电装机总量约为 58.8 GW，新能源及可再生能源装机总量占全国发电装机总量的 10.7%。

中国企业在埃及参与可再生能源项目的方式以 EPC 居多，另外也有以收购外资公司、收购项目等方式进入该市场的案例。

中国在埃及开展的可再生能源合作项目典型案例如下。

1）三峡南亚主导全资收购埃及 Alcazar Energy Partners

中国三峡南亚投资有限公司（简称三峡南亚）与其他中国投资者联合于 2021 年 8 月 23 日完成了对中东和北非最大的独立可再生能源公司之一 Alcazar Energy Partners（AEP）的全资收购。AEP 的资产包括约旦和埃及的 7 个风能和太阳能项目，总装机容量 411 MW，在此次交易中的估值约为 10 亿美元。

融资方面，星展银行为三峡南亚提供了 2.97 亿美元的绿色贷款，为其投资用作收购 Alcazar Energy Partners（AEP）的过渡性贷款进行再融资，此贷款由特定目的投资机构（SPV）中国再生能源投资有限公司代为签订。

对于 Alcazar Energy Partners（AEP）的全资收购是由三峡南亚主导，联合其他中国投资者共同完成的。该项收购可以为三峡南亚在该地区的未来发展奠定坚实的基础。通过此举，三峡南亚快速进入了中东和北非市场，实现市场和资产双丰收。

2）正泰新能源和特变电工参股埃及本班光伏电站 EPC 项目

正泰新能源和特变电工在埃及本班光伏电站中承接了两个 EPC 项目，中国工商银行均提供了融资方面的支持。

该项目采用无追索项目融资模式，由中国工商银行通过平行贷款方式与欧洲复兴开发银行合作，通过A/B贷款方式与亚洲基础设施投资银行（以下简称亚投行，AIIB）和世界银行旗下国际金融公司（IFC）合作，为该项目提供融资支持。

中国工商银行与IFC、亚投行联合为特变电工在埃及承建的3个光伏项目安排融资，3个光伏项目装机容量3×50 MW，总投资合计约1.98亿美元，融资金额约1.58亿美元，中国工商银行承贷金额不超过6 000万美元。总贷款期限不超过18年。本项目由IFC牵头筹组银团，工商银行及亚投行等金融机构共同参贷。银团高级贷款分为A类贷款、B类贷款及平行贷款。A类贷款为IFC承贷部分，亚投行为平行贷款行，B类贷款由工商银行等金融机构共同承贷。

正泰新能源以“小型参股换EPC”的模式成为该项目的EPC承包商，该项目其他投资者还包括ACWA Power。

五、国别分析

1. 合作政策建议

从市场机遇方面来看，埃及将在风光可再生能源领域、绿色氢能领域、低碳交通领域存在较大市场机遇。建议重点关注埃及新能源与可再生能源管理局（NREA）、埃及电力控股公司（EEHC）分别以IPP形式和EPC形式公开招标的大型风光发电项目，以开发商或承包商身份参与项目投标；埃及低碳化进程和工业化进程同时推进，建议积极关注该国工业领域风光项目的机遇，通过商业谈判形式参与；积极参与埃及绿电交通项目投标，推动该国低碳化发展转型进程；建议与本国商业家族企业及区域新能源开发商合作，参与埃及大型新能源项目，尤其是绿氢项目的谈判合作，同时关注该国氢能发展规划制定进程。近年来，挪威新能源企业斯克泰克（Scatec），丹麦航运巨头马士基集团（A.P.Moller-Maersk），法国电力集团旗下可再生能源分支（EDF Renewables），澳大利亚矿业巨头福蒂斯丘金属集团（FMG）旗下绿氢子公司福蒂斯丘未来工业（FFI）、阿联酋国有清洁能源企业马斯达尔（Masdar）、迪拜可再生能源项目开发商所有者和经营商（AMEA Power），印度可再生能源领军企业瑞新能源（ReNew Power）等跨国企业纷纷宣布将在埃及投资建立绿氢工厂，主要集中在苏伊士运河经济区

（SCZone）。目前，已经有超 500 亿美元的项目签署了意向书。从项目模式来看，既包括政府主导开发项目下的 EPC 项目机遇，也包括以 BOO/BOOT 等模式进行的投资开发项目机遇。

在市场合作策略方面，建议与本土/区域承包商和开发商建立良好的合作关系，获取投标报价、项目实施等方面的本土优势。建议关注在该国新能源市场较为活跃的区域开发商，如 ACWA Power、Masdar、AMEA Power 等，获取此类客户的投资开发或 EPC 合作机遇；在高层公关方面，建议对该国新能源领域的主管部门保持关注和沟通，如埃及电力和可再生能源部（MOEE）、新能源和可再生能源管理局（NREA）、埃及电力公共事业和消费者保护管理局（EERA）、埃及电力控股公司（EEHC）、埃及输电公司（EETC）等，获取业务信任和市场信息。

在资金来源方面，建议通过对标研究等方式匹配自身融资能力与业务模式。尝试与国内政策性银行以及以中国工商银行为代表的国有银行建立联系，提高自身融资成本方面的竞争力，从而在埃及市场上赢得更多议标与投标的比较优势。但近 1 年来，埃及镑兑美元汇率下降迅速，通货膨胀和汇率变动将成为影响新能源投资获得稳定长期收益的重要风险因素，需提前规划措施进行应对。

在技术合作方面，与埃及进行技术合作和知识转移。帮助埃及加快可再生能源产业的发展，提升其技术水平和自主创新能力，还为进一步探索双方可再生能源领域具体项目合作、产能转移、成本控制等方面做了铺垫。埃及将增加可再生能源的比重，以实现其可再生能源领域的雄心。另外，还将推动两国能源结构的转型，减少对传统化石能源的依赖，降低碳排放，以实现共同的可持续发展目标。

2. 企业合作建议

中国与埃及在绿色技术、绿色贸易及绿色投资领域已经有丰富的合作经验。在未来，中国将继续在“一带一路”倡议合作框架下，以绿色转型和可持续发展为目标，同埃及“2030 愿景”深度对接，开展与埃及在经贸、科技研发、投资、基础设施建设、能源、农业、服装业和旅游业等多领域深层次的合作，不断创新合作形式。

在绿色技术领域，中埃可在绿色能源、绿色农业技术及绿色建造领域开展合作。在能源可持续发展和提高能源效率方面，中国可以提供技术和资金方面的支持，助力埃及“2030 愿景”和埃及《2050 年国家气候变化战略》目标的实现。在绿色农业技术方面，中国可与埃及合作共建高科技农业产业园，支持开展旨在增进作物产出的先进种植技术和品种改良的联合研发活动。此外，继续开发根据本地环境条件优化的、用水效率更高的灌溉系统，这一措施的推广有望推动埃及农业的可持续增长，显著提高其国内粮食自给水平，降低对国际粮食市场的依赖，并有效解决粮食安全的问题。

同时，中国企业有机会在埃及实施农业绿色技术培训项目，分享中国在农业发展方面的经验、技术和设备，帮助当地农民改进耕作实践，普及绿色农业技术的应用。这些举措将促进埃及农业生产方式的现代化，带来生态与经济效益的双重提升。在绿色贸易和投资领域，促进埃及自贸区的发展和建设，在中国“一带一路”倡议和埃及“2030 愿景”的对接下促进中国企业与埃及的贸易和投资发展，利用中国企业先进的绿色环保型技术，在埃及开设工厂；同时助力埃及在道路交通、港口建设、能源、供水系统等方面基础设施的发展，促进经济、社会、环境的可持续发展，为中国的机电技术和其他产业发展保驾护航。

埃及自然资源丰富，但基础设施相对落后，特别是部分地区能源供应不足，因此投资合作时，中国企业需对自然资源、社会条件及法律政策进行综合分析评估。企业应精准把握当地市场需求，依据地域特性创新合作模式，融合中国经验与技术，设计与实施符合当地实际需要的高效、高质、环境友好型发展计划。为更好适配埃及市场，需策略性调整产品及市场拓展手段。鉴于埃及的经济稳定性存在变数，中国企业宜采用多元投资布局、风险保险和与本土企业的风险共担机制，以应对和管理潜在的政治与经济不确定性。

在农业领域，中国企业应携带领先的农业技术与经营知识，引领技术人才向埃及传导先进的绿色耕作技术与管理理念，提升农业劳动效率，优化当地粮食生产与食品安全。同时，中国企业应在建立制造基地时注重提升本地劳动力技术水平，促进技术和管理经验的传授，以形成稳固的技能人力资源池，并且应用先进的灌溉与废物处理技术防止对埃及生态环境造成负面影响。进一步地，通过与当地企业的合作，中国企业能够有效利用这些企业对市场、文化及消费者行为的深刻理解，共同开拓商机，积极拓展埃及市场。总体而言，在严格遵守埃及法律法规的基础上，中国企业应强化本土化经营策略，以可持续的方式在确保生态平衡的同时，推动中埃经贸合作迈向新高度。

埃及的环保政策对产业的影响主要体现在工业污染管理、经济成本、水资源管理，以及环境保护与可持续发展政策方面。

1）鉴于埃及政府对工业污染的严格管理，中国企业应实施更高的环保标准。这包括采用清洁、低排放的生产技术和流程，确保废物和排放物的妥善处理，以减少对环境的影响。

2）由于埃及面临水资源短缺的问题，中国企业应开发和应用节水技术，特别是在农业和工业领域。合作项目应考虑有效的水资源管理和保护措施，以支持埃及的水安全。

3）中国企业应强化本土化经营策略，与当地企业合作，利用其对市场、文化及消费者行为的理解，共同开发新的商机。这包括雇佣本地劳动力，提升他们的技术水平，并尊重当地文化和法律法规。

4）在遵守埃及法律法规的同时，中国企业应注重社会责任和可持续发展。这涉及投资环境保护项目，提升社区福祉，并与当地政府和非政府组织合作，以实现经济、社会和环境三个方面的平衡。在自然保护区和生物多样性保护方面，埃及已制订管理计划，最大限度地发挥自然保护区效益，并保持其可持续性。建议中国企业提前识别当地自然保护区，依法保护生态环境，主动采取预防及治理措施。总体而言，中国企业应在确保生态平衡的同时，通过可持续的方式推动中埃经贸合作迈向新高度。这不仅有助于中埃企业的长期发展，也能促进中埃两国的共同繁荣。

附件一 中国企业在沙特设立公司的流程

除禁止外商投资清单中所列的业务外，沙特对外资开放其他所有领域，允许外国投资者以合资或独资方式在沙特设立公司或分支机构。根据沙特《外商投资法》的规定，外国投资者在沙特进行任何长期或短期的投资活动都必须获得由沙特投资部（MISA）颁发的投资许可证。许可证的发放遵循公平和平等待遇的原则，外国投资者与当地投资者享有同等的权利和义务。同一投资者可以在不同的活动中获得多份投资许可，要求续期的投资者应每年按时更新投资许可证。外国投资者须在使用期限内向 MISA 缴纳许可费用及服务费用，前者每年为 2 000 里亚尔，服务费用第一年缴纳 12 000 里亚尔，第二年开始每年缴纳 60 000 里亚尔，所有费用需在许可证颁发 60 天内缴纳。

MISA 致力于简化投资和审批流程，向投资者提供“一站式”服务。根据 2023 年 6 月发布的《沙特投资部服务手册（第十版）》，外国投资者在沙特建立公司和外国公司分支机构的流程主要有以下 5 个步骤。

1. 获得投资许可证

内容：沙特投资许可证类型较多，部分许可证对注册资本、股东持比、运营等有特殊要求，中国企业经常申请的有服务许可、工业许可以及贸易许可。确定公司类型和经营业务后，向沙特投资部和政府在线服务平台“梅拉斯”（MERAS）递交经沙特大使馆认证的公司商业登记表及上一年度财务报表申请相应的投资许可证。根据业务活动和所需许可证类型，可能还需其他文件获得相关政府部门的特定许可。例如，公共交通（城市内的公共汽车交通）许可证还需额外提交 3 份文件获得交通部的许可证。

负责机构：沙特投资部。

办理途径：沙特投资部网站电子服务系统、商业注册促进机构 MERAS。

2. 提交组织章程大纲文件

内容：向沙特商务部提交公司组织章程大纲。外国公司的分支机构必须提交在沙特开设分支机构的决策文件。

负责机构：沙特商务部、沙特司法部。

办理途径：沙特商务部。

3. 签发商业等级

内容：商业等级或营业执照（CR）由沙特商务部（MOCI）颁发。投资者需提交母公司的商业等级；董事会关于开设分公司的决策文件（仅限外国公司的分公司）；组织章程大纲（适用于新公司）；总经理任命文件；股东和总经理的身份证明。

负责机构：沙特商务部。

办理途径：沙特商务部。

4. 获得运营文件

内容：在沙特天课、税务和海关总局登记，办理缴税事项；在沙特劳动和社会发展部（MLSD）登记，办理劳工签证；在沙特社会保险总组织（GOSI）登记，办理劳工保险。

负责机构：沙特天课、税务和海关总局，沙特劳动和社会发展部，沙特社会保险总组织。

办理途径：各官方网站电子服务系统、MERAS。

5. 签发总经理签证

内容：向 MISA 提交总经理任命书及总经理身份证明文件。

负责机构：沙特投资部。

办理途径：沙特投资部网站电子服务系统、MERAS。

附件二 中国企业在卡塔尔设立公司的流程

根据中国商务部、中国驻卡塔尔大使馆发布的《对外投资合作国别（地区）指南——卡塔尔（2021）》等文件资料。

中国企业赴卡塔尔开展投资合作前应注意以下 4 点：

（1）中国企业赴卡塔尔前一定要进行充分的市场调研，不仅包括对生产要素情况的调研，还包括对政治、社会，尤其是法律环境的调研。

（2）在履行注册手续之前和过程中（甚至包括以后的经营活动中），委托或咨询当地有经验的律师是不可或缺的步骤。

（3）了解卡塔尔海关管理规章及主要贸易管制，主要参考《卡塔尔海关法》。

（4）办理 COC 认证。卡塔尔 COC 认证是卡塔尔的符合性认证，若计划出口汽车配件、汽车轮胎和部分电子产品到卡塔尔，必须办理 COC 认证，否则将无法清关而且面临处罚。COC 认证是所有中东国家都有的法规，出口前需要提前在出口国办理证书，清关时跟随出口产品附带，可以快速清关，目的港口将不会再次检查。

中国企业在卡塔尔开展投资合作的手续如下。

1. 注册企业

内容：外国投资者不允许从事贸易代理业务和进口业务。外国人可在卡塔尔从事以下形式的投资活动：①由政府主管部门批准成立独资公司，从事“外国分支机构”可以从事的业务活动；②与卡塔尔合伙人一起成立合伙或其他形式公司，从事商业、工业、农业和服务业的业务活动，公司成立须按照《商业公司法》的规定进行；③在卡塔尔自由区内设立外商独资企业。

负责机构：卡塔尔商业、工业部。

办理途径：https：//invest.gov.qa/international-investor/。

2. 专利申请和注册商标

内容：申请发明物专利和注册商标

负责机构：海湾阿拉伯国家合作委员会专利办公室。该机构设在沙特首都利雅得，负责海湾六国（包括卡塔尔）专利事务、卡塔尔商工部工业产权办公室。

3. 报税程序

内容：需在获得商业登记或开始应税活动的 60 天内向卡塔尔税务总局完成

税务登记，纳税人应在每个财政年度结束后的4个月内，提交年度所得税纳税申报表并缴纳税款。纳税人应在每季度最后15天内，完成消费税申报并缴纳相应税款。

负责机构：卡塔尔税务总局。

办理途径：卡塔尔目前接受纸质和电子报税。

4. 工作签证办理

内容：卡塔尔法律规定，赴卡塔尔工作或就业的外国人必须获得卡塔尔劳动部批准并在内政部移民局办理了工作签证和居住证后方可从事相关工作。从2016年12月13日开始，卡塔尔正式取消针对外国人的担保制度。

负责机构：卡塔尔劳动部、内政部移民局。

办理途径：https：//www.adlsa.gov.qa/en 和 www.moi.gov.qa。

卡塔尔能够给中国企业提供投资合作咨询的机构如下：

中国驻卡塔尔大使馆经商处、卡塔尔中资企业协会、中国商务部研究院对外投资合作研究促进中心等。

中国企业、中资人员在卡塔尔寻求帮助的途径如下：

寻求法律保护、当地政府帮助、中国驻卡塔尔大使馆、建立并启动应急预案、寻求卡塔尔中国企业协会的帮助。

开发卡塔尔客户的途径如下：

（1）利用免费 B2B 平台开发客户，如 Tradekey 平台。

（2）利用中东海关数据寻找目标客户。

（3）建立以阿拉伯语为主的网站，选好关键词，做好 SEO，让中东客户主动上门。

（4）利用中东企业名录找客户。如 http://www.arabo.com/等免费或付费获得中东企业名录。

（5）利用谷歌搜索、领英、脸书等社交媒体寻找目标客户。

其他建议如下：

建议企业在开展对外投资合作过程中考虑使用中国政策性保险机构中国出口信用保险公司提供的包括政治风险、商业风险在内的信用风险保障产品；也可考虑使用中国进出口银行等政策性银行提供的商业担保服务。